AQUARIUS

AQUARIUS

AQUARIUS

AQUARIUS

Vision

一些人物，
一些視野，
一些觀點，
與一個全新的遠景！

律師娘×愛情辯護

LOVE & LAW

轉身的幸福

林靜如（律師娘）◎著

推薦序——

我是律師娘的老公

文◎吳存富（可道律師事務所主持律師）

那天遇到個很久不見的當事人，出乎意料地，她變得比半年前漂亮多了，是她叫住了我，否則，我幾乎要認不出她來。

我問她過得如何？她回答：「很好啊！」

這答案很令人欣喜，因為多數經歷離婚過程的當事人都要好一陣子才走得出來，而且離婚後都會滄桑衰老許多。

「我有正在交往的對象。」原來如此，想當然耳，戀愛中的女人最美麗。說起當初，她前夫外遇還吵著要離婚，她失魂落魄的樣子，跟現在比起來，反而蒼老憔悴許多。

我對她的印象是，當了多年全職主婦，沒有存款，沒有一技之長，家庭因為被第三者介入而破碎了，她卻堅持刑事妨害家庭罪、民事侵害配偶權她都不告，只想盡速離婚拿回自己的人生。

「我不是放了他們，是放了我自己。」

她得重新開始找工作，沒有支援系統，畢竟嫁人了，娘家經濟也沒好到哪裡去。孩子留在他家的決定很痛，但起碼要什麼有什麼，不用跟著她吃苦。

「我想脫離這個惡夢，愈快愈好。」

當時，她是這麼說的，不管我們希望她多爭取一些好條件。

「後來呢？他有沒有遵守探視權的約定？」希望那男人知道自己犯了多大的錯誤，還留點情分。

「沒有。」

「沒有?!」不會太超過嗎？她都放他一馬了！

「沒兩個星期，他就求我回去幫忙顧小孩。」哈！

「你有回去嗎？」

「當然沒有！我週末都帶小孩出去玩，他們愛死我了，還嫌老爸囉唆。」

「看樣子你比離婚前快樂多了！」

「是啊！尤其是看我最近神采飛揚的，畢竟在一起那麼多年，他也猜出幾分，開始找我麻煩，整天用小孩當藉口想綁住我。」

「你真的是看起來春風得意啊！我該拿你當範例勸勸那些還在苦海中浮沉的女人。」

「可以啊，幫我告訴她們，女人就是要用愛灌溉的，男人不愛你，你就要先愛你自己，才有本錢追求你想要、你在乎的東西。」

我記得一位韓國女作家孔枝泳曾經說過：「結了婚的女人特色就是，臉上會出現『這世上還會有什麼好事情』的神情。」很有趣的形容。

我看到這句話之後，常常盯著我老婆的臉上到底有沒有寫著這幾個字。

這一年來，她從我老婆，變成大家的律師娘。我一個堂堂大律師在外面闖蕩，被認出來時，往往對方都說：「我知道你，你是律師娘的老公。」

她居然有這個本事，把律師娘這個角色，變成主角，我這個有牌照的，居然像是冠了妻姓似的。

我想，起碼這一年來她人生的變化，應該不會讓她覺得「這世上還會有什麼好事情」，說不定還是「這世上什麼事情都會發生」。

我猶記得她在這一年精采豐富的作家人生之前，對自己沒有自信，什麼事情都要問過我的意見才做決定。現在呢？則是常常動不動挑戰我的想法，並且用實際的行動來證明我是錯的。

坦白說，我還真像換了一個老婆似的，從一個怯怯懦懦的小貓咪，變成——我當然不能說是母老虎。溫柔，一直是她沒有改變的特質，我想這是她受讀者歡迎最大的原因。

她愈來愈懂得照顧自己，表達自己的想法，實現自己的企圖心，對我的要求也多了起來。

說話口氣要溫柔、要幫忙做點家事、要尊重她的想法、要給她自己的時間與空間，她愈來愈懂得自己要什麼，也學著怎麼用我能接受的方式表達，這次行不通，下次就換個方式。

其實，不可否認的，我們彼此都在學，學著怎麼讓人生的變化，妥切又美滿地存在我們的婚姻當中。就像她這本書想表達的：人生每個階段，都有你該學習的功課，用同樣的心態想要打遍人生的每一道課題，恐怕是窒礙難行的。

雖然，現在我不能像以前情緒一來愛說什麼就說什麼；雖然，忙了一天以後，我得乖乖捲起袖子幫忙洗碗，但換來一個自信漂亮的老婆，當然很值得。

那麼，以下這句話是我可愛的老婆強迫我做下的結論：

其實男人，把老婆當小三養，你就不用拿一個家庭的破碎，也能換到一個體貼美麗的女人。

自序──

認真面對自己的選擇

有一次我洗碗的時候，我跟在一旁滑手機的先生說：「你知道嗎？我現在做家事跟以前是全職主婦做家事時的心情很不一樣。」

先生打趣地問：「怎麼說？現在做起來很不甘願嗎？」

附註一下，以我和他之間的默契，應該了解彼此的意思是，以前家裡的收入來源都是靠他，現在我自己也小有獨立的經濟能力。

「剛好相反，我以前做家事做得很不甘願，現在倒是把這些事情當娛樂休閒活動。」

「怎麼說？」先生的語氣裡明顯聽得出詫異。

「以前在當全職主婦的時候，或是白天當你這個大律師的助理，晚上回家還是要燒飯、洗衣、打掃的時期，總會覺得，你認為我做的事情都是理所當然的，即使你自己閒下來了，你也不太會幫忙做家事。或許，你覺得你出去外面衝鋒陷陣很辛苦，你的工時很有價值，不應該做這些瑣事；也或許，你覺得自己是家裡負責賺錢的一方，所以我就應該把賺錢以外的事情都做好，讓你無後顧之憂。

「可是，用那種心情在做事，其實很不快樂。可能是我對自己沒自信吧！總會覺得，你好像是認為我是因為什麼都不會，所以才留在家裡做家庭主婦的角色，既然這樣，我就該心甘情願地管好賺錢以外的事情。因此做起家事來，都像是我能力不好，所以就該任勞任怨，對自己做的事情也感覺好像沒什麼價值，覺得很沒有成就感，當然每樣工作對我來說，都是苦差事。

「現在呢？當我做家事的時候，你知道我忙碌，會動手幫忙，會開口說這個留著你會晚點再做，體諒我白天的工作量，會幫我想怎麼樣減低我的工作量，反而我做起事來，像是在幫你的忙，心情自然好得多；我也知道，做不好你不會抱怨，你知道我有其他擅長的事。原來，女生有自信一點，真的很不一樣。」

先生聽完以後笑了笑，沉默了一會兒，告訴我：

「你想太多了，我自己的心態其實沒有太大的差別，但是我的確很高興你現在變得比較有自信，整個人也發亮了起來。也很肯定你去尋找自己擅長的事情，並且去實踐它。在我看來，你現在的成就比我還高了。」

真的，出書、上節目、演講、寫專欄，我這一年多的人生就這樣轉換了一條超級不同的跑道。我很盡力在跑著，也很珍惜，因為我知道，我曾經對於自己的表現不受肯定有多沮喪。

也因為這個心路歷程，每次我看到來找我們的當事人如果是全職媽媽受到不平等的待遇，就會特別感同身受。

「他們說，我在家裡也沒做什麼事，是在累什麼？」

「他們說，我不用工作，連個小孩也照顧不好，居然讓小孩生病。」

「他們說，有本事我就出去賺錢，小孩不用自己帶。」

這些話，大概有不少全職媽媽耳熟能詳。

「我不想再待在那個家中了，可是如果我自己出去生活，我怕會因為經濟能力不好，失去小孩的監護權。」

「他說，如果我堅持要小孩，就自己負擔小孩的費用，他一毛都不會出。」

「他說，我不如外面的女人體貼溫柔。我整天被三個小孩纏住，哪來那些女人的閒情逸致！」

這些故事，我們聽了千百次。

很多女人告訴我，她們在婚姻當中過得不快樂。

我反問我自己，我，在婚姻裡，快樂嗎？

「好好想想你可以做的事情，到老的時候，你才知道怎麼定義你自己。」

這是我先生曾經在我們一次「為什麼他都不幫忙做家事」的爭吵中，他送給我的一句話。

對我來說衝擊很大。第一次聽到這句話的時候，其實很難過，因為當時，我是以律師身旁無所不能的助手「定義」自己，我認為我是無可取代的。

但現在對我來說，我很開心曾經有段鬱鬱不得歡的過去，因為有那些日子，讓我感激每一個得來不易的機會不願意放過；相對而言，也開拓了我的人生另一條大道。

回過頭來說，曾經當全職媽媽的三年很可貴，因為那是我把我所有的時間，付出給所愛的人的一種心情，就像戀愛的時候，你把所有的積蓄拿去買一個禮物送給對方，不管怎麼樣，都是非常非常美好的一段時光，也讓我體會一個女人為所愛的人全心付出的感受。

所以，我很想告訴認為自己是為愛付出，對方卻無法理解的女人（說不定也有男人喔！）：走過，就會留下足跡。當下，永遠是最重要的，感受你自己的付出，會比得到別人肯定重要。

但是，當你覺得彼此的互動已經無法滿足你，一定要把握機會，尋找改變，永遠要相信自己一定有別的選擇。

我認真面對了自己的選擇，你呢？

二十歲、三十歲、四十歲……人生每個階段，你最重要的東西都不同，你不用做到最好，但一定要對得起自己的選擇。

因為這些想法，讓我的第三本書誕生了。

人生的漫漫長路，有很多轉折點，一旦路到了盡頭，不轉彎，你就只能碰壁了。在死胡同裡打轉難免，但你一定要記得：

該轉身的時候轉身，幸福就在不遠處等著你。

如果現在可以，為什麼要等以後？
如果自己做得到，為什麼要靠別人？
如果有機會實現自我，為什麼只選擇照亮別人？

認真，是女人最好的化妝品，
學習，是女人最好的保養品。

讓我們一起變美麗。

《轉身的幸福》

LOVE & LAW

目錄

Part 2——從眼淚學會的事

目錄

Part 3 ——幸福且快樂著

《轉身的幸福》
LOVE & LAW

目錄

Part 1——愛過不傷心

愛，很簡單

我們都要學會，用一個完整的自己去愛。

我想了很久很久，才一點點回憶起那個年紀的我在做些什麼。十五歲，遙遠到像是上一輩子的事情。

從小，我的功課一直都很好，從來也不需要父母擔心，拿高分容易到我以為是天賦或遺傳，所以對於那孩子從未飛過及格線的分數，與其說是擔心，更像是難以理解。

她不喜歡念書。當然，誰愛念書呢？誰在青春期結束之前，能夠把教科書當作美味的佳餚，有滋有味地啃著呢？

那個年紀的我，坐在教室裡看著書本時，望著窗外——對面棟教室的女兒牆邊，大我一屆的學長跟學姊趴在牆緣，兩個稚氣未脫的頭幾乎快靠在一起了。

我記得那個畫面。

那時，我在想些什麼呢？我知道他們在談戀愛。可我懂得什麼叫談戀愛嗎？我知道談戀愛都在做些什麼嗎？我想應該是不曉得，因為，我連女同學手上幾乎人手一本的言情小說都沒興趣。

學生不就該專心念書嗎？就只有這個念頭。

所以當她來找我談時，我雖然不難懂得青春期的春意蕩漾，但卻不贊成他們自己自以為當真地交往。

不過，看著她淚眼汪汪的模樣，我還是心軟了。我沒有女兒，因此，一直以來，她就像我的女兒一樣，一個叫我「小阿姨」的女兒。

「我們是真心相愛的。」

我該說出我的啼笑皆非嗎？

十五歲的她，說愛說得那麼輕易又真心。四十五歲的我，不要說由衷了，光是自欺欺人地放在嘴巴上，也難過舉起千斤之鼎。

「你知道什麼叫愛嗎？」

「我不知道你們大人的愛是什麼，不過愛就是愛，不是用來說的。」

所以，她用做的，和三十歲的他，證明她的愛。

「等你長大，你會後悔的。」

「我不會。即使有一天我不愛他了，或他不愛我了，現在的愛就是愛，真的不會變成假的。」

「等你發現他對你的愛是假的，你會後悔把自己交給了他。」

「我沒有把自己交給了他，我還是我自己，我是用一個完整的自己來愛他。還有，為什麼你會認為他對我的愛是假的，就因為他比我大十五歲？」

我一時語塞，不願意承認自己的膚淺。不過，她是個聰明的女孩兒，不像我，即使對男人，說話都常不留一點餘地。

「小阿姨，如果今天我三十歲，他四十五歲，我說我們相愛，你就願意相信了吧？」

我微笑了。難怪我喜歡這孩子，她那麼輕易就讓我遲疑了。

「那麼，是因為我才十五歲嗎？那如果，我說我愛我的爸爸媽媽，你就會相信吧！」

「那不一樣。」

「怎麼不一樣？不都是愛嗎？這是同一個字。」

「但是可以做不同的解釋啊！」

「那是你們大人把愛弄得太複雜。愛就是愛，你覺得愛那就是愛了，要想、要解釋，那就不叫愛了。」

我怎麼覺得像在和她上哲學課似的。不過到底，她今天就是來說服我的。

但我不敢坦承，她講的或許是對的。身旁的男男女女，說愛，但計較雙方的付出、在乎兩人的對等，看條件、想資格——愛，建立在這些前提上，能說比她的「愛就是愛」純粹嗎？

「但是，你才十五歲，你有想過和他的未來嗎？你應該把你的心思放在念書上。」

「如果大家不要找我們麻煩，讓我可以好好地跟他在一起，我才有心思好好念書。」

「你有沒有想過，你還這麼小，心智還不夠成熟，或許很快就會發現你不喜歡他了。」我還是不能接受用「愛」來稱呼他們之間的互動。

「那到時再分開就好了。你們大人不也是這樣嗎？不愛了就分手，不愛了還可以離婚，談愛談得那麼複雜，說不愛倒是說得很簡單。」

她不是有求於我嗎？居然對我下了這麼苛刻的批判。關於離婚這件事，她是第一個敢跟我提起的人，其他人充其量也只敢在我背後說三道四。

「小阿姨，你如果沒辦法說服我，就幫我的忙吧！」她機靈的大眼睛眨呀眨的，青春的美好，一覽無遺。

「這是強人所難嘛！」

「你不是一向據理力爭的嗎？」

「那得是個理才行。」

「你覺得我剛剛說的沒有道理嗎？」

我開始懷疑她不知在家裡排練過這套說詞幾百次，才來我這裡搬演。又或許，是那個三十歲的男人教她的……

應該不是。聽她說，自從她的日記被母親發現後，手機就被沒收了，出入也都要家裡的人接送，今天就是她爸爸送她過來的。

「這個忙我幫不上。」

「你可以。你懂我說的愛是什麼，所以你才會離婚。」

我凝視著她白裡透紅的童顏。十五歲的堅持，沒有前提、沒有條件，更沒有妥協。

我三十年前曾經有過，但我選擇了在三十五歲時，鬆動了我的妥協，讓一個用她的標準「愛就是愛」來衡量絕對不及格的男人進入我的生命；卻又在十年後，像是一覺醒來似的讓他離開我的生命。

她看懂了，因為她的愛只有一種——不需要解釋的那一種，省去了我對其他人不知為何而來的交代。

所以我來到這裡，來找你們，聽聽你們的意見。

因為她的母親——我的大姊，看了她的日記後堅持要提告。

「依刑法第二百二十七條的規定，在未違反對方的意願下，對於未滿十四歲之男女為性交者，處三年以上、十年以下有期徒刑。對於未滿十四歲之男女為猥褻之行為者，處六個月以上、五年以下有期徒刑。對於十四歲以上未滿十六歲之男女為性交者，處七年以下有期徒刑。而對於十四歲以上未滿十六歲之男女為猥褻之行為者，處三年以下有期徒刑。主要是因為未滿十六歲的男女對於性行為之智識及決斷能力都還不夠成熟，即使得到他們的同意之下發生性行為，還是有刑責的問題。」

可是律師，這樣的判決，難道沒有任何彈性空間嗎？

「依你剛剛所說，你外甥女和她男朋友的情形，法條明文規定法定刑是七年以下有期徒刑，只要法官最後宣告兩年以下的有期徒刑，就有機會緩刑，可以主張他們兩個人之間是情投意合，在意亂情迷無法自已下以致誤蹈法網，情有可憫，且被告深知悔悟等等，最好能跟未成年人的父母達成和解。一般這一類的案件，都是以這樣的判決結果居多。」

可是他們還在繼續交往，要是……又控制不住的話……

「緩刑之後如果再犯的話，還是有可能被撤銷緩刑，要去入監服刑。他們之間的事，最好等到女生滿十六歲以後再說，如果你是替小女生幫她男朋友問的話。」

的確是，由於我大姊堅決不肯原諒那個男的，也對女兒下了暫時的禁足令，她只好託我來幫她男朋友問問。

「再熬一下吧！既然她已經十五歲，等這件事情起訴、判決，她大概也滿十六歲了，就不用擔心她的男朋友會坐牢了。」

但我的疑問不只如此。難道十六歲就能懂得愛情了嗎？

你說呢？律師娘？

「愛情，本來就是大部分女人探索一輩子的課題。六十歲，也不見得懂。」

所以，你是贊同她在十六歲時就開始探索愛情了嗎？早點學，沒什麼不好？

「你阻止得了她嗎？管制她的行動？不讓她單獨出門？如果她受不了而離家出走怎麼辦？我們倒是看過不少這種案例。」

那該怎麼辦？還是，或許她說得沒錯，愛就是愛，不分年齡，所以不用去管她……

「那倒不是。如果小女生懷孕怎麼辦？她有辦法照顧小孩嗎？男方有要負起責任嗎？她的學業怎麼辦？她會不會還沒出社會就成為家庭主婦、全職媽媽？還是她要把小孩送出去？……這些，她可能都沒想過，起碼你或你姊姊從來沒有告訴她怎麼避孕吧？」

大家阻止她都來不及了，怎麼會教她這種事。

「這就是問題所在了。她的十六歲，不是你的十六歲。你該面對的是，在她已經決定去經歷的事情上引導她，避免她受到太大的傷害。她即將邁上的是女人的道路，而男人是什麼樣的，你或許可以就你的經驗來告訴她——」

哈哈！律師娘，為什麼你看著大律師的眼神這麼詭異？

「然後接下來，你可以看看，她能夠教你什麼。」

她能夠教我什麼？她才十五歲耶！

不過，我的確記得她那清澈純淨的雙眸望著我時，告訴我：「你懂我說的愛是什麼，所以你才會離婚。」

或許讓她來教我——愛就是愛，很簡單。

【法律悄悄話】

⊙若雙方都未成年，發生性行為有法律責任嗎？

依刑法第二百二十七條規定：「對於未滿十四歲之男女為性交者，處三年以上十年以下有期徒刑。對於未滿十四歲之男女為猥褻之行為者，處六月以上五年以下有期徒刑。對於十四歲以上未滿十六歲之男女為性交者，處七年以下有期徒刑。對於十四歲以上未滿十六歲之男女為猥褻之行為者，處三年以下有期徒刑。」

因此，與未滿十六歲的男女發生性行為，不管對方是否自願都會有刑責，但刑法另外有個兩小無猜條款，即刑法第二百二十七條之一：「十八歲以下之人犯前條之罪者，減輕或免除其刑。」及刑法第二百二十九條之一：「未滿十八歲之人犯第二百二十七條之罪者，須告訴乃論。」讓雙方都是未成年人、兩小無猜時，有個和解收場的空間。

青春練習曲

至少，你勇敢面對了自己的愛情。

「律師娘姊姊」，我可以這樣叫你吧！

我想，你心裡一定在笑我傻，對嗎？你們這個年紀的大女生見多了我這種年紀的笨女孩，對我們的共同想法就是：你還年輕，才會傻傻地相信男人！

「男人沒有一個好東西！」大概是吧，以前我媽也老愛這麼跟我說。不過，你也一定懂，我怎麼可能聽得進去呢？只覺得我媽是結婚太久了，根本不記得戀愛是怎麼一回事。

對十七歲的我來說，愛情如夢似幻，輕飄飄像棉花糖似的那麼誘人。

他，是我最要好姊妹淘的表哥，我是在一次ＫＴＶ生日趴認識他的，其實就是我的十七歲生日趴啦！那天，本來應該只有我們這群閨蜜一起幫我慶生，是我的好姊妹把他call來，說多幾個男生比較好玩。不過，他不算是男生了，二十七歲，對我來說應該叫「男人」，是跟我們學校那些臭男生完全不一樣的動物。

你知道嗎？我們學校裡的那些男生不是眼中只有籃球，就是腦袋裡只有動漫，不只臭，簡直要臭酸了。約我出去看電影、吃飯，居然說要各出各的，有沒有搞錯啊！說話又幼稚，聽兩句就讓人厭煩。為什麼從男孩長成男人都要經歷這麼醜陋的階段呢？又不是毛毛蟲！

他不一樣。

那一晚，在昏暗的ＫＴＶ包廂中，他被我的姊妹淘推擠著到我身旁坐下，成熟的男人味飄進我鼻腔，一路瀰漫到我全身每一個毛細孔……我不自覺地顫抖了一下，那是從未有過的感覺，一時間，整個包廂彷彿都被靜音了，我只聽得到他靠近我耳邊說的那一句話：「我們來合唱吧。」

律師娘姊姊，你一定很好奇，他長得真有這麼天菜嗎？

說實在，那晚KTV徹夜狂歡的幾個小時，我沒敢正眼看過他，光是用眼角餘光瞄到他的側臉，我都得屏住呼吸，免得自己忘情地盯著他。不是他有多好看，而是，我第一次遇到那種讓我在他身邊得提醒自己呼吸的異性。我想問問，你第一次遇到你老公時有這樣的感覺嗎？如果沒有，你怎麼有資格質疑我的傻氣？

就這樣，我的第一個男朋友跟我差了十歲。他雖然不是一等一的型男，但就是剛好讓我看不上身邊其他的臭男生。

他不會像那個第一次騎車載我出去夜遊的男生，吻我之前還問我可不可以。他不會像那個寫情書塞我抽屜的男生，說起話像在念講稿，讓我差點憋不住笑意。在朋友的笑鬧下，他仍然肆無忌憚地盯著我，彷彿我是唯一值得他注視的女人。沒錯，只有在他眼中，我被當作一個真正的女人，而不是連男朋友都沒交過的青春傻妹。

而後，他也確實讓我嘗到了當一個「女人」的滋味，在我十七歲和十八歲的正中間——他確認過，免得像你們說的，和一個未滿十六歲的未成年少女上床，即使她是自願的，男方都有罪。

我們之間不只發生了一次。所以，不管要說是倒霉或碰巧，我或許都不該爭取同情，因為就像你的律師老公說的，孩子是我自己要拿掉的，即使我未滿二十歲，都無法向他索取任何精神上的賠償。

即使他對這件事唯一的幫忙是已讀不回、已通不接。

律師娘姊姊，你以為我傻嗎？我告訴你，我才不傻。

我面對了我的愛情。

我相信，很多像你們這種年紀的姊姊都沒有我誠實，愛的時候不願付出真心，被愛的時候則不願相信。比勇敢，你們恐怕做我學妹都不夠格。

我只是在想，我究竟算不算自私？我是為了誰的幸福而不留下他……為了我，為了他，還是為了小小的他呢？我們三個人間又到底是誰阻礙了誰的幸福？

始作俑者的閨蜜幫我上網查過：「依優生保健法的規定，未婚的未成年人因懷孕或生產，將影響其心理健康或家庭生活者，經法定代理人同意，可以實施人工流產。」

所以，我始終覺得自己沒有錯。我才十七歲，我只有這條路可以走。不用說，我爸媽一定同意的，他們怎麼忍心看我人生才開始就背負著這麼重的擔子。

——直到你們告訴我，有個地方是這些無辜寶貝的中繼站，會透過完善的審核，讓孩子出養到需要孩子陪伴的家庭裡。

我才猛然發現，我擅自決定了孩子的開始，也獨斷地決定了孩子的結束。

如果他有機會來到這個世界，他會是怎樣的一個人？

在來你們這裡之前，我只想知道怎麼報復那個人的傷害。你們卻告訴我，我的決定得自己負責，什麼賠償都拿不到。

可是現在，我不在乎了。

因為未來的每個日子裡，擱在我心裡一輩子擺脫不掉的，是我如果當時留下他，讓他有機會奔向一個急切期望有孩子的家庭，他的每個生日，會是什麼模樣？我連想像都無法，因為他的人生就停留在那個小小的胚胎，沒有再前進。

我該怎麼想，才能再度得到幸福呢？律師娘姊姊，你可以告訴我嗎？

「人生的路很長，總有可能發生讓你懊悔終身的事，你我也都一樣，都有必須承受的缺憾。然而，每個人灌溉缺憾的方式不一樣，缺憾的長成也不一樣——往好的方面想，至少這點你是可以自己決定的，就從你離開這裡開始吧！」

【法律悄悄話】

⊙未成年女子懷孕後施行人工流產，男方要負什麼法律責任？

現在的未婚性行為發生的年齡層逐漸下降，實務上也發生愈來愈多未成年懷孕的案例。未成年人的身心尚未成熟，自行撫育子女可能會有相當的困難，依據「優生保健法」規定，未婚之未成年人（即未滿二十歲）施行人工流產，應得法定代理人之同意，因此，常常聽聞未成年女子懷孕後，私下自行找不合法的診所墮胎，或是由法定代理人偕同到醫院施行人工流產。

但不管哪一種狀況，目前實務上除非是由使其受孕的男方唆使而墮胎，否則很難讓男方負擔法律責任，僅得於小孩出生後，請求強制認領及給付小孩的扶養費。

夢的真相

轉念，就能在地獄找到天堂的入口。

你們難道不覺得法律對女性也太沒有保障了嗎？

做錯事的是他，法律要懲罰的居然是我？這是哪門子的道理啊?!

我十九歲就認識他了。在他之前，我從來沒有跟其他的男人交往過，我和異性之間所有的「第一次」，都記錄在他的身上。我這麼說，你們應該懂我的意思吧？我把我最美好的一切都獻給了他，也不計較他在我之前的所有風花雪月，難道這樣他還不能滿足嗎？

記得四年前他追求我的時候，每天早晚都要跟我問安；只要我隨便說個想吃的東西，他一個小時後就送到我面前，不管當下有什麼重要的事在忙；甚至我半夜睡不著

打電話給他，他即使在睡夢中被吵醒，依舊耐著性子陪我聊天……難道這些都只是他請君入甕的誘餌而已嗎？等到我成為他的囊中物，他就覺得我索然無味了，因為一個被豢養的女人，已經滿足不了他狩獵的天性。

我天真地以為，吊了他兩年的胃口，他就會把我當成珍寶一樣的愛惜，這是我那個二十六歲就嫁得風風光光的表姊教我的：男人對太快到手的，都不會珍惜，只要別太快把自己給出去，男人就會任由你使喚。於是，我死守底線地讓他等了兩年，才謹慎地把自己交到他手上，但最後還不是換來他這樣的對待。

所以，我不認為我對他做的一切有什麼錯，即使是在道德上，更遑論法律上那些扭曲社會價值的見解。

「法律的確沒有辦法懲罰負心，因為男女之間的感情，不是法律能夠介入的。」

既然如此，那律師，我靠自己的力量來懲罰他，為什麼法律卻要介入呢？我對他的控訴句句屬實，本來就是他無情在先，怎能怪我不義在後？

從我把身體交給他的那一刻，他就該明白他應該負起的責任，更何況他還在我身體裡留下了一個紀念品，這是永遠都無法抹滅的事實。人總不能只要享樂，不要負責任吧！

「你所謂的責任是什麼呢？」

律師，那還用說嗎？當然是承諾了就不能始亂終棄啊！法律不是因為這樣的價值觀，才會有所謂的「遺棄罪」嗎？

先不論他帶走我的童貞，光是知道我肚子裡那個紀念品的存在，他就應該時時刻刻都守在我身邊。那不是他的血脈嗎？對親生骨肉不聞不問，總是法律該介入的吧！

律師，我說的應該沒錯吧？

「依刑法第二百九十四條規定：『對於無自救力之人，依法令或契約應扶助、養育或保護而遺棄之，或不為其生存所必要之扶助、養育或保護者，處六月以上、五年以下有期徒刑。』也就是說，遺棄罪的成立，必須要被害者是無自救力之人。

「目前胎兒在你的肚子裡，你的狀態也不算是陷於無自救能力，光是知道你懷孕卻不聞不問，這樣的行為，是不會構成遺棄罪的。」

這種見解我問過好多律師了，答案都一樣。我不懂，我們的法律居然容許一個父親不負擔扶養孩子的責任，這不是很奇怪嗎？

而且像他這樣讓我懷孕了，卻似乎完全沒有跟我結婚的打算，我應該可以請求他對我精神上傷害的損害賠償，侵害……算是我的貞操權吧！我從來沒有跟別的男人發生過關係耶！女人這麼珍貴的第一次，就這樣葬送在這種男人手上，對於我受的傷害，法律上應該有一些補償，或至少也應該對他有一些懲罰，不是嗎？

「依民法第一〇八四條規定：『父母對於未成年之子女，有保護及教養之權利義務。』第一一一四條也規定了直系親屬是第一順位的扶養義務人。所以不管怎麼樣，他對孩子都有扶養的義務，你可以向他請求共同負擔子女成年之前的扶養費。目前實務上扶養費的裁定標準，通常會參考主計處每人每月生活消費支出來計算，再依雙方的收入比例分擔。譬如，以台北市一〇三年度每人每月消費支出平均為二萬七千零四元，假設你們兩個收入差不多，就是一個人要負擔一半大約是一萬三千五百零二元。」

這麼少？那我的貞操權呢？

「至於貞操權，過去有一些案例是被已婚男人欺騙未婚而發生關係，加害人被判定侵害被害人自主是否發生關係的權利。你們之間沒有這樣的問題，純粹是男女交往後的變心跟劈腿，你在決定是否跟他發生關係時，是能自主的，所以並沒有侵害貞操權的問題。」

我不能接受這種說法！你們知道當初我興沖沖地告訴他我懷孕的時候，他是怎麼說的嗎？

「我懷孕了。」

「你確定嗎？」

「非常確定。」

「怎麼這麼不小心……（到底是誰不小心？）那你打算怎麼辦？（這句話應該

是我問的吧！）」

「當然要生下來，我不可能去傷害無辜的小生命。」

「如果你自己決定要生，你就要自己養，不要找我。」

我才知道，原來我的故事，跟別人沒有什麼不一樣。

那一天我去找他談判時，他勸不動我拿掉小孩，決定中場休息先去上洗手間再來奮戰。我獨自在他房裡，不自覺拿起他的手機檢查，企圖想得到其他不同的答案。

我也不知道自己想看到什麼。或許是覺得，認識了他四年，自以為很了解他，其實只是我一廂情願想看到的這一面而已；而我一直不肯正視的「那一面」，正逐漸轉身逼近眼前。

就是在那時候，我看到了他手機裡跟那個女孩的訊息紀錄。那些他對她說的話應該是專屬於我的，偏偏手機的那一頭，很殘酷是另一個女孩的名字。我查了一下她的檔案，十九歲，就是我遇到他的那個年紀，看樣子他的喜好四年來沒有變過。

「睡了嗎？」

「還沒。」

「在幹嘛？」

「剛洗完澡呢！」

「拍給我看。」

「不要。你亂說話，不怕你女朋友生氣？」

「她生氣最好，趕快分一分。」

「你捨得嗎？」

「甩都甩不掉，我喜歡的是你。光想著你洗澡的樣子就興奮了。」

真、噁、心。

一個薄情寡義，知道自己女友有孕在身仍向別的女生調情的男人，還有一個明知是別人的男友卻來者不拒的女人，像這樣的組合，最適合得到身敗名裂的結局。

這不是這個社會應該存在的規則嗎？

我決定，好好地教他們「愛的真諦」。

我拍下了他和那個女孩調情的訊息截圖作為籌碼，對他發出最後通牒。

「跟她劃清界線，回到我身邊把我們之間的事情處理好，不然我就把你們對話的截圖放到網路上，讓大家公斷。」

他居然沒有回應，甚至連手機都不接了。

隨著猶豫該不該留下肚裡的孩子，我的心情愈來愈緊繃，有一晚在唏哩嘩啦的孕吐之後，我忍無可忍了——我為什麼要承受這些？

我把那天拍下的截圖，上傳到某個爆料不公的社團中，標題是：「背著懷孕女友偷吃的男人，配上專搭別人男友的女人，連稱呼狗男女都抬舉了他們」，他們的名字、照片當然要留著。

我還轉貼到他的塗鴉牆，這麼扣人心弦的情節，怎能不讓他的眾親友知道呢？

「依刑法第三百零五條規定：『以加害生命、身體、自由、名譽、財產之事，恐嚇他人致生危害於安全者，處二年以下有期徒刑、拘役或三百元以下罰金。』

「另外，刑法第三百一十五條之一規定：『有下列行為之一者，處三年以下有期徒刑、拘役或三萬元以下罰金：一、無故利用工具或設備窺視、竊聽他人非公開之活動、言論、談話或身體隱私部位者。二、無故以錄音、照相、錄影或電磁紀錄竊錄他人非公開之活動、言論、談話或身體隱私部位者。』

「刑法第三百一十條也有規定：『意圖散布於眾，而指摘或傳述足以毀損他人名譽之事者，為誹謗罪，處一年以下有期徒刑、拘役或五百元以下罰金。散布文字、圖畫犯前項之罪者，處二年以下有期徒刑、拘役或一千元以下罰金。對於所誹謗之事，能證明其為真實者，不罰。但涉於私德而與公共利益無關者，不在此限。』

「也就是說，你的行為有可能構成恐嚇罪、妨害秘密罪以及加重毀謗罪喔！」

沒錯，我的確被起訴了，所以我才來找你啊，律師！像這樣的社會不公，不是就要靠你們律師來主持正義嗎？

「你沒有前科，又是一時氣憤，只要認罪和解，頂多易科罰金，也有可能判緩刑……」

不行！錯的又不是我。

「妹子，你想清楚，你的人生還要浪費在這種人身上嗎？」

律師娘，難道你也不站在我這邊嗎？

「生命有限，不該浪費在消耗你能量的人身上。你的每寸光陰，寸寸都是黃金，你卻正大把大把交到他的手上，你還沒發現嗎？」

可是，我吞不下這口氣啊！

「轉念，就能在地獄找到天堂的入口。」

【法律悄悄話】

⊙手機或網路截圖分享，有什麼法律陷阱？

學校裡教我們課業、品行、操守，但我們從小到大，很少有人教我們如何談戀愛，當然更沒有人教我們如何走出失戀，所謂的恐怖情人，就此誕生。

常見到新聞媒體裡報導的，不甘分手的前情人廣發分手前的親密照，或是在網路上討拍，公然挑釁介入的第三者。將他人的對話截圖散布，有可能構成刑法第三百一十五條之一的「妨害秘密罪」，散布他人的私密照有可能構成刑法第二百三十五條「散布猥褻物品罪」，在網路上評論他人的言論也有可能構成刑法第三百一十條的「誹謗罪」，而且不以非事實為限，雖為事實但涉於私德而與公共利益無關者，還是有可能成罪。

愛情量販俱樂部

世上沒有人是真正完美的。

我必須先確認你們對這種事情的看法。打個比方說，你們平常會上餐廳吧？尤其是單身的人，外食是家常便飯。或許有人會擔心每天隨便在外面用餐，可能有衛生上的問題，但一時之間，家裡就是沒個適合的人準備三餐。如果可以讓這樣的人花點錢找個人搭伙，而需要賺生活費的人也樂意提供這樣的服務，這不是兩全其美嗎？

我和他就是這樣開始的。

喔！不是，我不是廚師啦！我根本不會煮菜，也從來沒下過廚，我剛說過只是打個比方而已。

我提供的不是美味餐點，而是……愛情。

你們的表情我懂，我知道大家都會有這種誤會。NO！這不是「包養」，我和他之間不是只有性而已，我給他的，是實實在在的愛情。

我善體人意、柔情似水。他忙碌的時候，我懂事不吵他；他寂寞的時候，我又能隨時都在。我從不要求未來，也不多問過去，我是最棒的情人，比任何一個女朋友都來得可人。

「你有自己的工作嗎？」

律師，你這問題有點犀利喔！我就知道你們會有這種先入為主的觀念。我的確「暫時」沒有其他的收入，但這不影響我對他的愛情吧！難道，沒有工作就不能談戀愛嗎？

「所以你認為這不是金錢的交易，而是……」

就是交往啊！就跟你和律師娘一樣，你不是也在養她嗎？我們的差別，只是在於你們的關係有法律上的登記而已，但實質上，不也是她供應愛情，你負責她的經濟嗎？

「我不認為我是靠他在養我。」

律師娘，你別生氣，我剛說過了，我只是打個比方而已。

「先說說你們是怎麼認識的吧！」

故事是這樣的，請律師你評評理。我是在一個網路社群的社團裡認識他的，一開始會注意到他是因為他的自我介紹——「關於我」。我知道網路世界真真假假，怎麼能信，但看看無妨嘛！

單身、年入百萬，可提供收入證明。

足以摟你入懷的完美身高，抱你上床的完美體格，令你怦然心動的完美臉孔。

願意讓需要經濟依靠的你，用甜美體貼的陪伴換來恰如其分的照顧。

「這是什麼樣的社團啊？」

它叫做「愛情量販俱樂部」。

律師娘，你別皺眉頭。不是孔子說的嗎？食色性也，飲食跟情欲的需求都是人的本性。那麼，販賣美食跟販賣愛情有什麼不一樣呢？

「『食色，性也。』是告子說的。」

這不重要啊！律師。重要的是，我們是各取所需，他負責我的「飲食」，我負責他的「需求」，我認為我們之間是對等的。人和人之間的關係不就是如此嗎？老師教，學生學；父母養，兒女孝。就像你們跟客戶之間也是這樣的一種供需關係，不是嗎？

「既然如此，那你為什麼還需要找律師呢？他供不應求，還是你供過於求呢？」

律師，我不在乎你話中有話。但請你告訴我，既然我跟他之間是這樣的對等關係，那就應該彼此坦誠相對吧！我也是秉持著我的職業道德，在和他這一段關係期間，我是百分之百對他忠實的，他也應該公平合理地對待我才對吧！

「你的意思是說，他劈腿有了第三者嗎？」

如果是這樣，我還吞得下這口氣，畢竟所有愛情都是有保存期限的。然而真相卻是——他說謊，第三者是我！也就是說，後來，我才發現他是個已婚男人。

難怪，我就覺得不尋常，這麼完美的男人怎麼會是單身。事實證明，他不是完美的，「出軌」就是他人格最大的缺陷。

所以對於這種瑕疵，我打算請求損害賠償。

「你的意思是說，你想要就『他讓你成為第三者』這件事，向他請求精神賠償？」

是啊！律師，可以嗎？我之前看過新聞，如果隱瞞自己的已婚身分與異性交往，導致異性的名譽貞操受損，是可以請求精神上的損害賠償的，沒錯吧？

「你說的案例的確發生過。首先，依民法第一百八十四條第一項規定：『因故意或過失，不法侵害他人之權利者，負損害賠償責任。故意以背於善良風俗之方法，加損害於他人者亦同。』另外，民法第一百九十五條第一項也規定了：『不法侵害他人之身體、健康、名譽、自由、信用、隱私、貞操，或不法侵害其他人格法益而情節重大者，被害人雖非財產上之損害，亦得請求賠償相當之金額。其名譽被侵害者，並得請求回復名譽之適當處分。』」

這些條文我有聽沒有懂。那我關心的貞操權呢？

「所謂的貞操權，是指一個人對自己是否與他人發生性行為或其他身體上的親密接觸等行為，應該有自主決定權。而和自己發生性行為的對象是否已婚，因為涉及該

性行為是否違反法律規範，所以屬於一個人性自主決定權考量的重要事項。因此在一般情形下，一個人如果隱匿自己已婚的事實，導致對方不知情而同意與他發生性行為，會被認為是有害於他人的貞操權，在實務判決上，的確被認定是可以請求精神上的損害賠償，也就是慰撫金。

「至於慰撫金的金額，法官會斟酌雙方之身分、地位、資力、加害之程度、被害人所受之痛苦及其他各種情形，核定相當之數額。」

照你這麼說，我的確可以向他請求損害賠償囉！行情大約是多少呢？請求個一百萬應該不為過吧？

「你先聽我說完。有個疑慮是，實務上曾發生過，在包養的男女交往案例中，法院認為雙方的包養行為應該是屬於從事性交易或相類似的脫法行為，因此有關是否發生性行為的決定，雙方的考量重心已經挪至金錢交易數額；而一方是否單身，對於他方在發生性行為的決定上已經不是那麼絕對性的考量。因此，縱使受到對方在是否單身的身分上有所欺瞞，並不能主張自己的貞操權受到侵害，因此，也就不能請求精神上的損害賠償。」

這太荒謬了！我說過，我跟他之間不是包養，算是種……愛情量販吧！

況且，就算是包養好了，我也應該可以選擇我想要的對象。他隱瞞他的已婚身分，讓我跟他交往，這也算是一種詐欺吧！那我可以告他詐欺罪嗎？

「詐欺罪是限於財物上的交付或得利才會成立，不包括貞操或感情。

「至於剛剛我們討論到的損害賠償，畢竟個案的狀況不同，只是給你做參考。是不是屬於金錢上的交易，或者即便是金錢上的交易，你也認為自己的貞操權或其他人格法益受到侵害，也許，另外一個法官會有不一樣的看法。」

律師，所以你覺得我還是值得試一試囉！

律師娘，你怎麼看呢？

「姑娘，不服輸跟青春，是二十四歲的你最大的本錢，你覺得哪一個比較珍貴呢？」

【法律悄悄話】

⊙「貞操權」是什麼？什麼樣的情況下算侵害？什麼情況又不算呢？

法律上，的確是承認貞操權的存在。所謂的貞操權，是指一個人對自己是否與他人發生性行為或其他身體上的親密接觸等行為，應該有自主決定權。

最典型侵害貞操權的行為當然就是妨害性自主罪，也就是所謂的性侵害，不但成立刑事犯罪，也會有民事上侵權的損害賠償責任。

實務上還承認，已婚人士自稱未婚，導致對方不知情而同意與其發生性行為，會被認為是有害於他人的貞操權。

有趣的是，實務上也發生過所謂的包養行為雖亦不知對方已婚，卻被法官認為貞操權並沒有被侵害的特殊案例。

幸福的模樣

女人不是只能接受命運，也能挑戰命運。

律師娘，你談過幾次戀愛啊！哈，這不是問題，你不用回答我。

我只是在想，你們這個年代的女性都這麼溫良恭儉讓的，以前談戀愛的時候，大概連男朋友都不敢換吧！運氣不好的，可能一個男友就一輩子了。

當然，也不能說是運氣不好啦，或許，也有一種女人跟著一個男人就能一輩子幸福快樂了。但我很想知道，她難道沒想過：如果她當初選的是另一個男人，或許人生會完全不同嗎？

雖然我才二十五歲，可是我認為女人應該趁年輕的時候，多跟不同的男人交往看看，男人看多了，自然懂得怎麼駕馭兩個人之間的關係。

你一定很好奇，為什麼我還這麼年輕，想法卻這麼世故吧！

其實，以我來看你們這一代的女人，會覺得你們很辛苦。怎麼說呢？我母親就是最血淋淋的例子。

我的母親二十出頭就結婚了。在那個年代，生個「兩男一女」是一個女人最完美的產量，我母親也做到了，可是，她並沒有得到對等的回饋啊！和公婆住在一起有多辛苦，律師娘你應該想得到。我從小到大，看她像個陀螺般在家裡打轉著。她的生活——應該說，她的人生，根本就是為了整個家庭而存在，沒有自己的興趣、沒有自己的喜好，甚至沒有自己的時間。

她就是我說的那種女人，跟著一個男人就一輩子了，連其他男人的手也沒牽過。

但是我老爸呢？一夜風流的就別提了，有一陣子還在外面養了個女人，最後玩膩了，還是不了了之。

坦白說，我是對我老爸沒什麼意見啦！我自己男朋友也交了好幾個，我知道男人的德性，叫他們跟一個女人過一輩子，怎麼可能？根本就是違反他們的獸性。

所以說，男人、女人都一樣，結婚前就應該廣泛地跟異性交往，等徹底了解自己的需求之後，再決定跟什麼樣的人在一起一輩子適合。

也說不定有些人根本就不適合結婚，那一輩子單身也很好啊！又何必結了婚再去搞七捻三的，造成對方痛苦，自己也好過不到哪裡去。

我說的就是我爸媽。

照我看來，我父親根本是一個不適合結婚的人。他不喜歡安安分分地待在家裡，所以，我從小到大，跟他一起吃過的晚餐寥寥可數。他看到女人不招惹一下就難過，這樣的「潛能」，搞不好是婚後才激發出來的。

我母親呢？逆來順受。

聽她說其實在婚前，她就感覺到我的父親心不定，但她跟我父親相親時，媒人說自己是看著我父親長大的，保證他是個老實人，母親就想，或許結了婚他會改，結果婚後半年，她就發現丈夫跟公司的新同事有不正常往來。她又一廂情願地告訴自己，或許有了孩子，丈夫就會收斂，於是卯起來一口氣生了我們幾個，結果把自己搞得累翻了，連抓丈夫的把柄都沒力氣。

但她就是不願認賠殺出，想說把孩子養大了、聽話了，並且用心侍奉公婆、做個乖媳婦，丈夫感念她的付出，就會浪子回頭。結果前一陣子，我父親居然交了個小他將近二十歲的女朋友，吵著要跟我媽離婚。

還記得那晚我爸跟我媽大吵後，簡單收拾了一些行李，面無表情地離開家，走前只留下一句：「你願意離婚，我再回來跟你談。」

我媽趴在床上哭了一晚。

我問她：「你為什麼不乾脆就跟爸離婚呢？他又不愛你！」

我是真心這麼想的。我跟兩個弟弟都大了，坦白說，不差一個沒什麼家庭觀念的老爸。雖然我們從小到大的一切開銷都是他賺的，不過，如果沒有心，我不懂硬要留下他的人有什麼意義。

更何況，也不是想要留人就可以留。上次我帶我媽過來找你們時，律師也說了：「履行同居義務是沒辦法強制執行的。」

那麼，他們留下的也不過是一紙婚約；正確來說，應該是戶政事務所的登記而已。我不懂，我媽幹嘛那麼想不開。

「我的人生都賭在他身上了！我怎麼回頭？」

那一晚，我母親歇斯底里地胡言亂語，其中，我印象最深刻的就是這句話。

人生都賭在我父親身上？是沒錯，我母親也將近六十歲了，學校畢業沒多久就相親嫁給了我老爸，連男人長什麼樣子都還沒弄清楚。

我爸曾說在他那個年代，只要出來做生意，十個有五個賺小錢、四個賺大錢，而他就是那五個人之一，所以我母親從來都不需要外出工作，這也是我父親的期待——一個在家相夫教子的賢德妻子，我母親也的確做到了。

不過，我父親可從沒答應過要當一個謹守本分的老實丈夫來回報。

說句不孝的，要我替母親打抱不平，我也不知從何做起，畢竟這是他們兩個人的婚姻。要說父親不負責任，也說不過去，畢竟我們從小到大的物質生活不差，既然他主外了，要我母親主內好像說不上有什麼不公平。

律師說：「離婚的時候，夫或妻現存之婚後財產，扣除婚姻關係存續所負債務後，如有剩餘，雙方剩餘財產之差額，應平均分配。」所以我爸婚後賺的錢，我媽可以分。

律師說：「夫妻無過失之一方，因判決離婚而陷於生活困難者，他方縱無過失，亦應給與相當之贍養費。」所以，像我媽這樣做了一輩子家庭主婦，離婚後恐怕找不到工作的，提離婚訴訟或許有可能拿到贍養費。

律師說：「婚姻係以夫妻之共同生活為其目的，配偶應互相協力保持其共同生活之圓滿安全及幸福，而夫妻互守誠實，係為確保其共同生活之圓滿安全及幸福之必要條件，故應解為配偶因婚姻契約而互負誠實之義務，配偶之一方行為不誠實，破壞共同生活之圓滿安全及幸福者，即為違反因婚姻契約之義務而侵害他方之權利，他方得請求精神上的賠償。」所以，我父親也會因為他的外遇而受到處罰。

律師說：「夫妻之一方，因判決離婚而受有損害者，得向有過失之他方，請求賠償。雖非財產上之損害，受害人亦得請求賠償相當之金額。但以受害人無過失者為限。」所以光是「離婚」這件事，我母親都可以向父親請求損害賠償。

既然這樣，我母親的正義都可以受到伸張了，我不懂為什麼她不離婚。

不過，律師娘，那天你告訴過我：

「你的母親有她那個時代的成長背景，她以為一個女人和一個男人走到最後就是幸福的模樣，沒有人教導她，可以有轉身的選擇。當她付出了一切，如果要她認賠，對她來說，似乎是承認她輸掉了一輩子。但這並不是事實，你和你的弟弟們就是最佳的證明，只有你們能讓她放手，知道她擁有的，不只是一個不愛她的丈夫而已。」

聽了你的這段話，我回去想了很久……我總算曉得該怎麼幫我母親，也曉得該怎麼幫我自己了！

所以，我選擇和他分手。

其實我知道他劈腿已經好一陣子了。

原來我笑母親想不開，自己卻不知不覺地耳濡目染了她的放任。我總認為自己是新時代女性，居然沒擺脫那個「裝傻其實是真傻」的宿命。

令人啼笑皆非的是，我不再理會他「絕不再犯」的保證了，結果他居然惱羞成怒，傳來一則則羞辱的簡訊，甚至還有性騷擾內容！

我是可以封鎖他，但是，難道不應該給這種人一點教訓嗎？於是我回傳訊息警告他，他居然告訴我，私人間的簡訊因為不是公開的，所以不會構成刑事公然侮辱罪，我拿他沒辦法。

律師，真是如此嗎？

「不構成公然侮辱罪不代表沒有其他責任喔！依性騷擾防治法規定，以展示或播送文字、圖畫、聲音、影像或其他物品之方式，或以歧視、侮辱之言行，或以他法，而有損害他人人格尊嚴，或造成使人心生畏怖、感受敵意或冒犯之情境，或不當影響其工作、教育、訓練、服務、計畫、活動或正常生活之進行，對他人實施違反其意願而與性或性別有關之行為，負損害賠償責任，且雖非財產上之損害，亦得請求賠償相當之金額，其名譽被侵害者，並得請求回復名譽之適當處分，賠償金額則依雙方的身分、學經歷、資力及性騷擾程度的不同而有差別。」

謝謝律師，也就是說，我還是有機會向他求償的。我知道該怎麼做了，這一次，我一定要做給我母親看。

女人不是只能接受命運，也能挑戰命運。

【法律悄悄話】

⊙私訊罵人會構成公然侮辱罪嗎？

網路通訊工具的發達，造成現代人思慮不周及隨意任由情緒操使之下，就濫發負面文字於網路平台上，或兩個人之間私訊一言不合就爭吵起來，最後互相發出辱罵的言論。

很多人知道，公開發布侮辱他人的言論會構成公然侮辱罪。但如果是兩個人間的私訊，因為不是公然，就不會構成刑法上的公然侮辱罪；此時如果言論是涉及與性或性別有關的歧視或侮辱，可以以「違反性騷擾防治法」提告，請求損害賠償。

放手，是一個決定，而不是一種心情。
決定放手，放手的理由自然會一一浮現，
那從來不是件輕鬆的事，因為你得把心狠狠揉碎了，再讓它重新長成……
雖然留下了傷痕，但你會更加茁壯。

面具

不畏他人眼光，才能果斷決定自己的人生。

這真的是很多管閒事的法律規定，為什麼我不能把自己孩子的父親欄登記成親生父親呢？我和前夫都離婚了！我生的小孩是誰的，關他什麼事？

律師娘，你知道嗎？離開我前夫，應該是我這輩子做過最正確的決定，只能說我年輕時太天真了，居然以為結婚就是把戀愛的美好，說好持續到永遠的一個方式。

我早就應該發現，當他把「我媽說我們差不多可以結婚了」當作求婚誓言時，事情就有點不對勁了。

其實在交往的時候，我去過他們家好幾次，他的母親對我也還算客氣——所以我很想告訴那些未婚的妹妹們，不要以為婚前準婆婆待你如嘉賓，就以為自己跟別人不一樣，不會有婆媳問題。結婚前是一回事，結婚後是另一回事。婚前你是客人，都不知道會不會進門，準婆婆沒必要得罪你，萬一把你嚇跑了，怎麼跟兒子交代？

所以，每次他帶我回家時，準婆婆即使忙裡忙外地張羅，也從不要我幫忙。

「你坐著陪他聊天，我一個人做慣了，馬上就好。」

真的很難相信，那張笑臉在我婚後居然會完全變了模樣。

的確，我的前婆婆真的是一個人做了一輩子。她年輕時就守寡了，一個人要養大兩個小孩，坦白說不簡單——對了，我竟然忘了提我那個前小姑！

在我進他家門之前，很少見過他妹妹，畢竟她嫁出去了，有自己的家庭。偏偏在我們倆新婚不久，她居然跟老公鬧分居，直接就搬回娘家住。我承認，這是我們之間的導火線之一。

「我就知道娘家永遠會幫我留一個房間……」她搬回來那天，一把鼻涕一把眼淚地這麼說。

「因為娘家早就知道你這個性遲早會被人家退貨。」當然，這句話只是我藏在心裡的ＯＳ。

律師、律師娘，說到這裡，你們應該知道了，我除了婆媳問題，還有姑嫂問題。其實我公正一點說，所有的婆媳問題跟姑嫂問題，最後都可以歸咎為「老公的問題」。為什麼呢？想想看，如果老公從頭到尾都站在我這邊，你們說，老媽會跟兒子翻臉嗎？小姑有機會顛倒是非嗎？

我不會說他是大家所講的那種媽寶，但他們一家三口的確是一堆寶。來聊聊他們的幾件寶事好了。

和他討論到結婚的事情時，本來說好小倆口要住在外面，結果房子都看好了，要去下訂的前一天，他卻怯怯懦懦地告訴我，他母親聽到我們要買房子在外面住，當場眼淚就嘩啦啦地灑了下來。

「你們年輕人有自己的主張，我也不敢有意見，只是你爸先離開我，我好不容易把你們養大了，現在你們一個個也都要離開我……」

聽說那晚她準備好晚餐，一坐下來拿起筷子又放下，兩三句話，就讓他吃不下飯。

「拜託你委屈一下吧！我們讓她慢慢適應我有新家庭的事實，再搬離開，不要一下子給她太大的衝擊。」

老太太，有這麼嚴重嗎？我們挑的新家只離她住的地方五百公尺遠而已，有必要這樣百尺之隔如同千里嗎？

當時我真是笨得可以了，還想說反正婚前相敬如賓，大家應該都是同道中人，不會玩什麼心機，於是就答應像待宰的肥羊，傻傻住進了他們家的小宅門。

沒想到，一進宅門深似海，我開始陪同演起精采的後宮爭寵戲碼。

剛結完婚的那幾個上班日，我都急急忙忙出門衝到公司趕打卡，沒空跟婆婆打聲招呼；婚假期間堆積如山的公事，更讓我連續加班好幾晚，回家時婆婆也睡了。到了假日，我心想終於可以好好補眠了。

好，我承認，睡到中午真的有比較超過，但給一個新進門的媳婦一張臭味四溢的臉，算是什麼好的開始？是誰在她兒子答應住家裡時，指天畫地再三保證，她會把媳婦當女兒疼的呢？哪個母親會在女兒睡晚的時候，擺張臉給她看？

「媽，早安。」

「都已經是中午了！唉……本來期待娶個媳婦進門，苦了一輩子終於可以好好休息了，沒想到娶了媳婦以後，還得多伺候一個人。」

「媽，您要是不想做飯的話，我們去外面吃，千萬不要勉強。我呢，婚前沒有煮過一頓飯，要學也不是不行，您得給點時間，先吃幾頓難吃的，要是不合胃口，您別嫌棄，我廚藝沒有，誠意十足！」

我是認真的，這話哪裡不對？

不過，那個週末就泡湯了，她兒子花了兩天代媳婦給婆婆賠罪，又是帶她去買東西、又是幫她約按摩。我呢，自己繼續過婚前的單身日子——咦？我真的結婚了嗎？怎麼她兒子還是她兒子，我老公卻不是我老公呢？

在那之後的日子，我不用太多言語描述，只要用「同上」兩個字就夠了。

老天，我怎麼會在三年前有兩個男人同時追我的時候，不選那個把我捧上天的銀行經理，而挑上這個口口聲聲顧家的公務員？

他是顧家沒錯，但顧的不是我跟他這個家啊！

對了，我漏講了前小姑的寶事。她不是鬧分居後回娘家，住進了「為她保留」的房間嗎？她整個弄不清楚狀況，她要用什麼娘家為她保留的東西我不管，但我不是她的娘家，我買的東西她要吃、我的保養品她要用，連我的拖鞋之類的其他個人物品，她也照單全收。我給面子請她老哥溝通，結果呢？

「你不要跟自己的妹妹那麼計較嘛！」

「那是你妹妹，不是我妹妹！」

「什麼叫你的我的，我們結了婚就是一家人。」

「結了婚就是一家人？那你妹不就跟她老公才是一家人，回來幹嘛？」

一個星期！他為他妹一個星期不跟我說話！離婚，不她是分居！回娘家住的小姑，是世上最不討喜的角色之一，為什麼？你看看她在那星期搬弄是非的表情就懂了。

所幸，這些狀況沒有持續太久，我跟他結婚不到一年就離婚了。這叫什麼呢？「不怕犯錯，盡快改過」，反正我才二十七歲。趁那個在我婚禮上喝醉酒的銀行經理還在等我，我爽快地簽了離婚協議書，離開那一窩寶，沒有孩子，沒有什麼婚後財產，事情非常簡單。

不，應該說，「我以為」事情非常簡單。我怎麼會知道離婚十個月內生的小孩都算前夫的。

律師，到底為什麼會這樣？

「正確來說，是民法第一〇六二條規定，從子女出生日回溯第一百八十一日起至第三百零二日止，為受胎期間。能證明受胎回溯在前項第一百八十一日以內或第三百零二日以前者，以其期間為受胎期間。因此，如果你的孩子在離婚後三百零二天內出生，受胎期間就會被推定為是在婚姻關係存在時。

「依民法第一〇六三條第一項規定，妻之受胎，係在婚姻關係存續中者，推定其所生子女為婚生子女，所以，你的小孩會被推定是前夫的婚生子女，除非你用同法第二項的規定，夫妻之一方或子女能證明子女非為婚生子女者，提起否認之訴。」

要把我孩子的父親登記為親生父親，還得透過訴訟通知我前夫？法律也管太寬了吧！到時候他知道我結婚不久就生孩子，難道不會告我妨害家庭罪嗎？

「只要你能讓醫生開具相關證明，證實你受孕是在離婚以後，就不會有問題的。」

律師娘，你不覺得很無聊嗎？

「哈！這是為了保障初生兒的權利，讓他一出生就被推定有父親扶養的身分。但你的孩子一定會很幸福，有個不畏他人眼光、果斷決定自己人生的母親。相信你一定有能力讓他快樂長大。」

【法律悄悄話】

⊙民法上，婚生否認的程序要如何進行？

很多人以為，離婚後出生的子女，就是非婚生子女，因此只要想登記父親是誰就登記父親是誰，特別是在離婚前就懷了非現任配偶的孩子的女性，以為只要趕快辦離婚就safe了。

事實上，如果胎兒是在離婚後三百零二天內出生，都會被推定是在婚姻中受孕，小孩也會推定是前夫的小孩；如果要讓小孩登記真正的生父為父親，必須要以前夫為被告提起婚生否認之訴，透過ＤＮＡ親子鑑定，來否認血緣關係，也就是說是無法神不知鬼不覺的喔！

離婚後的受孕還是晚點好，以免因為早產，徒增訴訟困擾。

裸戀

即使一閃而過，曾經的情意也不會消逝。

就這樣，我當了他的小三。

律師娘，如果人的一生中注定要在愛情路上跌一跤，你會選擇在幾歲？

早了，過於世故，無法再裸遇一次奮不顧身。

晚了，輸不起。

幸運的是，我二十八歲，本來就該停止耽於沒有保護色的裸戀，而二十八歲或許也還算輸得起。

只是這一跤跌得太狼狽，毫無浪漫可言。

嗯？我可以開始說了？

抱歉失態了。在這樣灑滿陽光的假日早晨，走進你們事務所，讓我一下子感傷起即將面臨的醜惡。

在遇到他之前，其實我也曾和幾個男人出去過。說是約會嗎？的確有那個意味。但如果後來的發展連牽手都搆不上邊，我想你們可以說，在他之前，我沒有談過戀愛。

你們應該也猜得出為什麼。我不漂亮。

沒關係，我很有自知之明，我也還算有自信。我在工作上的表現很亮眼，二十八歲當到部門主管，在公司裡算是破先例了。我有幸福和樂的家人，也有話聊不完的姊妹淘，總不能要求上天安排我每一科都分在人生勝利組吧！

不過，我還是很想風風火火地談一場戀愛，就算最後沒結婚也無妨，起碼讓我聊起我的愛情記事本，不會空白的連翻都不需要翻。

這就是為什麼自始至終我都這麼盲目地飛蛾撲火。不然，像我這樣在職場上聰明幹練不輸男性的女人，怎麼會這麼毫無防備地在一次戀愛裡遍體鱗傷？

他做了很多不曾有男人為我做的事情。說出來你們或許覺得可笑，但我就是這麼簡單就可以取悅了，我不否認。

第一次，有男人跟我到餐廳吃飯的時候，為我拉開了椅子，等我坐下，他才繞過桌子，到自己的位子上安坐。

第一次，有男人在我上車前先為我打開車門，當我入座時，手輕放在我的額上，以防我撞到門邊。

第一次，有男人為我剝蝦。第一次有男人送花到我辦公室。第一次有男人在我上樓回家前，索求我一個道別吻。

而我獻出我那不知道有沒有過保存期限的童貞，則是他在河堤邊只為我一個人施放的小型煙火之後，在遇到他三個月零五天又八個小時的那個夜晚。

我還記得第一次和男人開車進汽車旅館的情景，經過收費櫃檯時，我頭抬都不敢抬，緊張，心跳加快，宛如初嘗禁果的處子，我也的確是。

到目前為止，聽起來還及格吧！我的初戀。他很溫柔，他很體貼，他談笑風生，他深情款款。

我還有什麼不滿意的嗎？他表現得不好？

哈！我居然在這種時候還能開自己玩笑，應該給自己的堅強打個滿分，看來提拔我的老闆的確有識人的眼光。

他很好，表現得很好，唯一的瑕疵是，他已婚。

什麼？我本來不知道嗎？

當然不知道。我就說我在職場上是個女強人了，會蠢到去攪和別人的家庭嗎？

但是，也可以笑我夠蠢。他老婆帶人進來拍照蒐證時，我居然還相信，他滿懷歉意是因為愛上了不該愛的人。

回家後，我思忖著接下來該怎麼辦。初戀居然是當人家的第三者，真是始料未及。

而他的打算呢？到底他是一開始就打算腳踏兩條船，還是只因為意亂情迷，在感情上誤踏了地雷。那麼現在呢？就此一刀兩斷？還是他會結束婚姻，選擇我？

我不敢主動打電話給他，雖然我是無辜的第三者，但既然知道了他已婚的身分，我也不敢輕舉妄動。只是我不否認，即使事已至此，我還是盼望他的婚姻本來就名存實亡，經此一鬧，或許他會在跟老婆解釋我的無辜後，帶著離婚協議書來找我。

我的搖擺不定過了好幾天，雖然煎熬，但我畢竟忍住了，等到了他第一通電話。

「你還好嗎？」

「我很擔心你。」

「嗯。」

「不用擔心，我很好。你呢？」

「我也很好。不過有件事，我想跟你商量……我老婆說她可以原諒我，只要我好好回歸家庭，但她不會放過你，一定會對你提告到底。我去問過一位律師，刑法上的通姦罪雖然對一個人提起告訴，另一個人也會成為被告，不過，卻可以選擇單獨對配偶撤回告訴。而且，她還可以選擇只對你提出民事的求償。不過我剛剛為你求情了，她答應只要你付她兩百萬和解金，她就不會對你提告，你要不要去籌籌看？」

「你在說什麼？我根本不知道你已婚，她憑什麼跟我提告和求償？她不要以為我不懂法律，我曉得不管刑事還是民事責任，都要有故意或過失，這件事責任都在你身上，我是不會有法律責任的。」

「話不是這麼說，檢察官不見得會相信你不知道我已經結婚，況且，進入訴訟對你來說在名譽上也會是損失。我幫你跟我老婆殺價一下，你看你能湊出多少……」

「你明明知道我是無辜的，你跟檢察官證明不就好了？」

「這……親愛的，我記得我跟你說過我已經結婚了啊！是你堅持即使我已婚，還是要跟我在一起的……」

說到這裡，不用我解釋，你們也知道發生什麼事了吧？

沒錯，就是仙人跳。

這是翻開我的戀愛史，第一筆光榮的戰績。

那通電話的後半段，就是我們激烈的爭吵。不只那一通，後來他還打來了好幾次勸我趕快付錢和解，不然他老婆就要提告了。

生平第一次，我懂得了什麼叫欲哭無淚，但更擔心的是我爸媽知道這件事的反應。放心，我沒有就範，所以一個月後，我受通知到警局做了筆錄。

在二十八歲之前，我幻想過無數次自己初戀的情節，當然，有不少靈感是來自電視上的偶像劇。可惜，如果我是看警政劇，或許能猜得到這結局。

細細的眼睛、略圓的臉孔，身高也只高我一點——他的外表若說當男主角，在偶像劇裡恐怕沒有機會，但在我一片空白的愛情記事本裡卻尚能挑起大樑。男人就是這樣，服裝打點一下，姿態揣摩一下，再精心安排一點浪漫的元素，像我這種不曾被月老青睞的女人，三兩下就栽了。

二十八歲是個很奇妙的年齡：說熟不熟，掙不開追求婚姻的心理箝制；說嫩不嫩，擱不下戀愛失利的瀟灑自在。

不管如何，我得先過了這一關。二字頭，相親市場應該還有我的位置，今後，我決定不再自己挑對象，寧願被秤斤論兩，也不願成為刀俎下的魚肉。

筆錄做得不太順利，那個已經值完大夜即將交班的警察心情似乎很不好，口氣也很衝。

「你知道王○○已婚嗎？」

「不知道。」

「但是王○○表示他跟你交往的時候，就已經明確地告訴你了。」

「他說謊。如果他說的是真的，為什麼他老婆只告我，不告他？」

「告訴人提告的時候表示，她能夠原諒她先生一時的糊塗，所以不會對他提告。不過，她不能接受你明知王○○是有配偶之人，還介入他的家庭，除非你跟她和解，否則她一定會提告到底，讓你有個妨害家庭的刑事前科。在刑事程序上，雖然王○○也會一同成為被告，不過，他的配偶可以選擇單獨對他撤告。你不考慮大事化小，趕快和解嗎？」

「我根本不知道他已婚！他是故意騙我的，他們要的只是錢，這是仙人跳！我要反告他們恐嚇罪。」

警察對民眾的提告可以翻白眼嗎？

絕不和解！

算了，這不重要。

我當時認為，到了檢察官面前，諒他們也不敢這樣顛倒是非，要移送就移送，我

就這樣，我收到了人生中第一張檢察署的被告傳票，上面寫著案由：妨害家庭。

不要說起訴，光是這樣我就覺得夠恥辱了。

只是沒想到，奇恥大辱還在後頭。

他們真是一對鴛鴦大盜。開庭的時候，他再三表示他絕對在我們交往之初，就已經表明已婚的身分，是我不計較名分，一定要跟他在一起；她則聲淚俱下地哭訴她和他的家庭有多幸福，卻被我惡意介入。兩個人一搭一唱，演得不亦樂乎。

「那麼關於王〇〇的部分，您是要單獨撤回對他的告訴嗎？」

「是的，因為被我發現他婚外情的隔天，他就跟我認錯，我已經原諒他了，我並不想對他提出告訴。如果像檢察官說的，因為告訴不可分的原則，他一定會成為被告，那麼我就單獨撤回對我先生的告訴。但我不能原諒第三者，她完全沒有悔意，也不願意跟我和解，我一定要告她！」

「被告願意和解嗎？」

「我絕不和解，我根本就不知道他已婚！這是仙人跳。」

她又哭了，演這齣戲總是比跑龍套好賺嘛！

這就是到目前為止的故事了。

「你的確可能遇到仙人跳了，這一類的案件還滿常見的，而且男性跟女性的當事人，我們都碰過。不過，他們可能是仙人跳的菜鳥，這戲演得還不到位。」

大律師，你終於願意開口了，怎麼說呢？

「刑法第二百四十五條第二項規定，妨害家庭罪經配偶縱容或宥恕者，不得告訴。你說，那個大老婆在偵查庭時表示『被我發現他婚外情的隔天，他就跟我認錯，我已經原諒他了』，所以她在提出告訴前，就已經失去了對她先生的告訴權。而告訴人對共犯之其中一人宥恕，依告訴不可分之原則，對於其他共犯即被告亦不得為告訴，告訴人就不得告訴之案件而為告訴，依法檢察官應為不起訴的處分。」

也就是說，不管我知不知道他已婚，他老婆都不能告我囉？我們的法律還真是迂迴弔詭。

總之，我曉得下次開庭該怎麼做了。

嘿！律師娘，別露出那種表情啊！我不需要同情，我也不會捨不得自己付出的情意，倒是有個有趣的體悟。

你們不覺得，愛情是可以演出來的嗎？

他演了三個月，我也照單全收了三個月。三個月內，他配合我演了一齣偶像劇，現在殺青了，男主角要來請款了而已。

撇開這部分，我跟一般人的初戀好像也沒什麼不同，該吃的大餐、該收的鮮花、該聽的甜言蜜語，一樣也沒少，而我們之間那段也就像許多人的初戀——劃過天際的流星，一閃而逝。

這，一點都不可惜。

【法律悄悄話】

⊙妨害家庭罪的告訴，可以只告小三（小王），不告配偶嗎？

依刑法「告訴不可分」原則，只對共犯的其中一人提告，其他共犯也會成為被告，但特別在「通姦罪」可以單獨對通姦的共犯之一——配偶撤回告訴，只留下小三或小王當成被告。

然而，刑法第二百四十五條第二項之規定，妨害家庭罪經配偶縱容或宥恕者，不得告訴。且告訴人對共犯之其中一人宥恕，依告訴不可分之原則，對於其他共犯即被告亦不得為告訴。也就是說，小三或小王會因此連帶逃過一劫，所以原配提告時，千萬要當心。

假日的聖誕老婆婆

有一天他會懂，真正把整個世界留給他的人是誰。

第一次見到你們應該是兩年前的事了……

你們還記得，我當初哭腫了眼睛的樣子嗎？

那時候的心情，我到現在還記得一清二楚，就是心痛。

他帶走我的寶貝，交給了他母親。

在那之後，有一個月的時間，我幾乎是活在地獄裡。夜裡，我的眼淚總是濡濕了枕頭。即使偶有一夜運氣好，不小心累到睡著了，也會因察覺我的寶貝不在身旁而驚醒。

沒有我在身旁，我的寶貝吃得下、睡得好嗎？他才五歲，不分日夜跟著媽咪五年，卻突然被剝奪了享受母愛恩寵的權利，對他的傷害有多大，他們有想過嗎？沒有，他們只想到自己的血脈不能外流。

在遇到你們以前，我其實有考慮過幾個同歸於盡、玉石俱焚的做法，不過當然，僅停止於想像，我情願放下自己對寶貝的依戀，也不願他受到一絲一毫的傷害。

不過，還好，事情比我想像的順利跟簡單。

離婚，請求法官裁定小孩監護權的歸屬（你們說正確名稱叫「酌定對未成年子女權利義務行使及負擔」對吧？），定下俗稱「探視權」的會面交往方式，還有寶貝的扶養費……這些訴訟一個一個解決了。對了，還記得那時你們提醒我的夫妻剩餘財產分配……罷了！他那只知今朝有酒今朝醉的性格，婚前讓我迷戀得失去理智，婚後卻吃足了苦頭，哪還能期待他身上剩幾斤幾兩肉。人家說女兒要富著養才懂得生活品味，從小被父母當成掌上明珠的我卻到婚後才懂，不是有些人天生就可以命好到被疼一輩子，至少我不是。

無論如何，我只想要快、狠、準地剪斷我和那個男人之間的連結，你們卻說不可能，孩子成年前，注定我們得再牽著十幾年的線。

不管如何，起碼大律師當時幫我提的暫時處分，讓我在三個星期後見到了寶貝，而在那之後，我和他爸就開始了長達一年的離婚及監護權訴訟。

「暫時處分」這名詞，在打離婚訴訟之前我聽都沒聽過。「在監護權裁定確定前，先暫時這麼處理。」那時候，大律師用最白話的方式這樣跟我解釋。

於是，在暫時處分下來後，我們就「這麼處理」了一年，而其實在監護權裁定下來以後，也就「繼續處理」到現在。

寶貝交給我照顧，而每個月的第二和第四個週末，他可以帶孩子回去過夜。大律師說的繼續性原則讓我留住了寶貝，由我當寶貝的生活主要照顧者，只是因為孩子還小，法官還是裁定共同監護，也就是遷戶口、開金融機構帳戶、辦護照等事情，還是需要寶貝的爸爸一起簽署。但是寶貝跟我住，寶貝的爸爸享有探視權。

大律師陪我努力了一年，法院派社工訪視時，我還特地把娘家重新布置成適合小孩的安全活動空間，而我母親能夠幫忙照顧寶貝的良好支援系統，也是一項利多。

所以這結果，我算是非常滿意，畢竟他還是寶貝的爸爸，我不會希望孩子就此和親生父親斷了聯繫，更何況他每個月所付的近萬元扶養費，也不無小補。

寶貝的爸爸也還能接受。本來嘛，當初他帶走寶貝也只是聽他母親的話，事實上，我知道他倒寧願只當孩子的「假日聖誕老公公」。於是，在離婚判決及監護權裁定下來後，我開始了單親媽媽的生活。

王子與公主分開了，能各自幸福快樂嗎？小王子呢？有時候跟王子爸爸一起幸福快樂，有時候跟公主媽媽一起幸福快樂……然後，有時候小王子會跟王子爸爸和新的公主阿姨一起幸福快樂吧！

聽起來很心酸嗎？那麼接下來我要說的，才是讓我心裡裝滿了檸檬酸哪！

律師、律師娘，你們一定不懂單親媽媽的壓力和心情吧！雖然，你們一年不知道要看過多少像我這樣的失婚婦女，可是發生在別人身上的事情，和自己當男女主角，畢竟是完完全全不同的兩件事，不要跟我說同理心那種自欺欺人的官方說法。

律師娘，你敢說如果自己是單親媽媽，你能有多勇敢？

這一年來我暫時住在娘家，這也是娘家唯一能幫我的地方，讓我有個棲身之所。在

搶當寶貝的主要照顧者時，也是因為娘家的支援系統讓我比寶貝的爸占了上風許多。

可是，嫁出去的女兒回到娘家住，還帶個小孩，先不管我自己承受的壓力，我的爸媽光是面臨左鄰右舍、親朋好友的關愛，就夠他們受的。

我很想跟他們說，你們不用跟別人解釋，那是我們自己家的事情。可是……

「奇怪，我怎麼看你最近都住你媽家裡，你不是結婚好幾年了？」

「……」

「該不會是跟老公吵架了？」

「我……」

「不要怪阿婆倚老賣老，夫妻難免吵架，床頭吵、床尾和，男人只要不打人、回來睡、有給錢，就是九十九分了。你想，你一個人帶著小孩，要再找個好男人有多困難？身價不比年輕時選擇多，兩夫妻的事，睜一隻眼閉一隻眼就過去了，趕快回婆家去吧！待在這裡，你哥哥都娶老婆了，你爸媽有多為難你知道嗎？」

這是我在電梯裡遇到那個每天一定要上市場買菜兼聊八卦的對門大嬸的對話，說是對話，其實從頭到尾都是她在說，我在聽。

早知道進電梯前，見她瞪大眼睛一副逮到機會的表情，就應該找藉口等下一部電梯。

「你妹什麼時候要搬出去啊？」

「你急什麼？她搬回來也才一年多，小孩還那麼小，你叫她一個人住外面，我爸媽怎麼放心？」

「可是我們的孩子快要出生了，之前不是說，她以前住的房間要當我們的嬰兒房嗎？而且萬一我們再生第二胎，房間也不夠啊！那現在到底該怎麼辦？」

「你小聲一點，萬一小妹聽見多不好意思。」

「這問題遲早要面對的。」

我從「以前住的房間」聽到了隔壁房哥哥嫂嫂的枕邊話。寶貝已經睡了，我只能抱著他偷偷擦眼淚。

一個人獨立生活之後——當然，嚴格來說其實不是一個人，畢竟我住在娘家有爸媽幫忙照應，還有個對我的臥房虎視眈眈的嫂嫂——我得對自己做的選擇負責任，所以從開始打監護權訴訟後，我就出去找工作，寶貝白天則去上學，一直到他上小學為止。直到監護權的訴訟結束不久，我都覺得自己的決定是對的，堅持也是對的。

但是，真的很辛苦。下班後，我不敢再麻煩爸媽，孩子的功課我自己幫他複習，洗澡、才藝班的接送也不敢假手他人。自己砸的爛攤子，我自己收拾。而面對老闆要求加班的為難，我想你們不難理解。可是這些我都過得去，只要能看著我的寶貝好好

長大，健康乖巧地陪在我身邊，這個願望應該很渺小吧？

所以，我今天來這裡到底想表達什麼呢？

對，這是重點。

那天，我送寶貝上學，遇到了他的級任導師。

「馬麻！」為什麼現在小朋友的老師都跟著學生叫媽呢？我才二十八歲耶！「那天孩子跟我說，他覺得媽媽對他要求很嚴格，他覺得很累，問我說，怎麼樣可以去跟他爸爸住。」

我知道老師是好心，想做好親子間的溝通橋梁，但她不懂這話讓我心有多涼。

如果她知道我是怎樣心力交瘁才打贏監護權官司，如果她知道單親照顧孩子是怎樣的心情，她或許會試著跟寶貝溝通，而不是跟我溝通。

回想這一年來，我為了怕人家說單親家庭的小孩沒教養，更怕寶貝在娘家這邊被人說三道四，硬是希望他比別的健全家庭小孩成熟懂事，甚至課業也不能輸人，所以的確盡一切心力管教他，逼他成長，我想他大了就會懂媽媽是為他好。

反正該玩的，每次輪到他爸來照顧的週末絕對少不了，甚至後來還多了一個為了討好他爸，所以更要討好他的阿姨。

我想，可以稱他們為「假日聖誕老公公」和「假日聖誕老婆婆」吧！聖誕老公公哪管你功課寫了沒，一律有禮物；哪管你聽不聽話，統統有獎賞。跟他們在一起又快樂又沒壓力，當然樂不思蜀。這我沒有意見，反正寶貝多數是在我這裡，我顧得好，不怕那幾天的放肆。

但聽到寶貝說想要搬去跟爸爸住，我不禁覺得，自己一切辛苦到底是為哪樁？再想起寶貝的老師那種質疑的眼神。或許我解讀錯誤了，但絕不會是認同。

我該怎麼做？難道，我當初爭取監護權是錯的嗎？或者我該把寶貝交給他爸，換我來做聖誕老婆婆？

「有何不可？」

有何不可？律師娘，你的意思是……

「就讓小孩回去住一陣子，你也正好可以休息一下。你不覺得你把自己繃得太緊嗎？這樣是會彈性疲乏的。你累了，脾氣就會不好，脾氣不好，跟孩子相處的品質也會不好，到頭來小孩辛苦，你也抱怨。就讓他去爸爸那裡，跟阿姨一起住，讓他試試爸爸和新公主媽媽之間，有多少空間留給他。」

這樣好嗎？如果他們覺得寶貝礙著了他們的兩人世界，他不會受傷、受委屈嗎？

「他會懂真正把整個世界留給他的人是誰。到時候，他會自己做出選擇，而不是只能接受大人的選擇。」

如果他選擇不回來，真的讓我做他的聖誕老婆婆呢？

「那也未必是壞事啊！媽媽永遠是媽媽，沒有人可以取代。如果他的爸爸妨礙你行使權利，法律上可以用的招像強制執行、處怠金、善意父母原則等等，你都還記得吧？」

當然記得，打監護權官司那一年，我學得太多了。

「不過，我估計不會這樣發展，你很快就得把他接收回來的。這段時間你還是趁機休息一下，想想以後怎麼調整你的腳步吧！」

真的會這樣嗎？大律師，你為何笑而不語？

你們夫妻跟一般律師真的很不一樣，還是因為律師娘不是律師，所以會用非法律的思路來想事情呢？

無論如何，我輕鬆多了。

這一條路還很漫長，換個步伐，我還是得向前走下去。

【法律悄悄話】

⊙監護權歸屬一旦判定了，還有機會更改嗎？

依民法第一〇五五條第三項規定，行使、負擔權利義務之一方未盡保護教養之義務或對未成年子女有不利之情事者，他方、未成年子女、主管機關、社會福利機構或其他利害關係人得為子女之利益，請求法院改定之。

也就是說，在離婚時雖然已經協議監護權歸屬，其後還是有機會請求法院改定。

但是，以目前實務上的狀況來說，法院就未盡保護教養之義務的部分，會請社福單位進行實地探訪未成年子女所處之家庭狀況，如果沒有較重大的不利未成年子女情事，改定監護權並不容易。

最閃亮的是你

吃苦，是了解甜美的代價。

其實，我並沒有那麼氣他。在我眼裡，他是個生病的孩子，你怎麼能夠期待一個生了病的孩子做的判斷跟理智的大人一樣呢？

雖然，從旁人的眼光看起來，他比正常人還正常，有高收入的工作，有英俊挺拔的外表。我絕對相信，以他的條件，沒有幾個女人禁得起他的追求——當然，包括我在內。

我們的開始跟別人都一樣：相遇、相識、相知、相惜。他的謙讓有禮，印證了他的高學歷。我也不是沒有懷疑過自己憑什麼被他挑上，他身邊多的是才貌都遠勝於我的佳人，他是怎麼在繁星點點當中，看到我微弱的光芒？但這個庸人自擾的念頭只在

我腦中一閃而過，反正，偶像劇裡不多的是這樣的劇情嗎？一個平凡無奇的女孩，不小心跌進了富家公子的懷裡，儘管他過盡千帆，卻只看得上一葉輕舟，而我，恰如其分地落在他面前，讓他忘了他的弱水三千。

我記得，我曾經非常非常的愛他。

是他，讓我這個在馬路上隨便抓就是一大把的普通女孩，放射出閃耀的光芒。他的注目，讓身旁全部的人都將聚光燈投射到我身上，因為能得到像他這樣出類拔萃的人的青睞，肯定沒有他們想的那樣平凡簡單。彷彿是他，讓一顆金剛原石琢磨成光彩奪目的鑽石。

遇上他以後，我開始相信自己可以是女主角，以我自己獨特的個性，昂首闊步在我跟他的伸展台上，這是我遇上他之前那二十幾年間從未妄想過的待遇，他卻能讓我理所當然地擁有——獨一無二，這對於一個家有四個姊姊的女孩來說，是人生最棒的禮物。

小時候的我很少穿新衣服，因為四個姊姊留下的舊衣夠我連續穿兩、三個星期都不會重複，我根本就是姊姊們的芭比娃娃，把她們的衣服往我身上一套，就可以當娃娃玩，任由她們支配。在母親眼裡，我幾乎是不存在的，因為弟弟的人生，從我一歲多開始就覆蓋了我的人生，雖然我心裡明白自己也應該愛弟弟的，但如果我是不存在的，沒有主體，要怎麼去愛別人？

但遇到了他之後，我不再是透明的，甚至變成閃亮的存在。

「因為這樣，所以關於他對你做的事，你就生不了氣？」

律師娘，你知道世界上有一種人是不會反擊的嗎？即使被欺負、受委屈，他們也會選擇先忍耐，無法忍耐就選擇逃避。他們的善良發動不了戰爭，也傷害不了別人。我，就是那種人。

「即使這種事已經發生第三次了？」

我知道，從你們旁人的眼光看來是很不可思議的，我真的能夠理解。

可是，像你們這樣從小被父母照顧得好好的人，別人一攻擊，你們當然就能立刻豎起周身的刺，保護自己。

我不是，我是被父母豢養的綿羊，少了一隻，就當命不好被狼叼了去，一點都不可惜，所以我已經習慣了認命，我想這才是他挑上我的原因。像他那種人，會忍氣吞聲的對象就是百分之百的完美，我以為的除卻巫山不是雲，其實說穿了，在他眼中也只是個打不跑的人而已。

「世上沒有任何人有資格對他人施以暴力。」

律師，我當然知道啊！不是我不懂法律，是你不懂人性。你難道不曉得多數人的命運都是自己造就的嗎？而且，我們每個人都會霸凌、對別人施以暴力，包括你們。

你們曾經對特別耀眼的人眾星拱月，讓黯淡無光的人覺得不受重視嗎？這就是暴力。

你們曾經對不受歡迎的人寄予異樣眼光，認為事出必有因，而沒有給他們解釋的機會嗎？這就是暴力。

你們曾經吵著要跟能力好的人同一個團隊，深怕被能力不好的人拖累嗎？這就是暴力。

太多太多了，這些暴力的出口，多數都是選擇往不會反擊的人身上去，不論是沒有力量反擊或捨不得反擊的人，因為他們沒有聲音，所以大家都選擇了聽不見而已。

「你的意思是說，你認為他會打你是你自己造成的？是你自己容許他發生的？因為他知道你是這樣的個性，所以他選擇了你？很多遭遇家暴的女性都有這樣的想法，

認為是自己的錯，責怪自己惹惱了對方。你也是這樣想嗎？同樣身為女性，我完全不能認同。動手就是錯的！」

或許發生第一次時不是吧！但會發生第二次，就是代表我讓他以為，我容許他有發生第二次的可能性。這就不得不說，我自己也有一部分的責任在裡面。

而居然還發生了第三次！可見，我讓他以為他理所當然可以這樣對待我。

律師娘，其實我很謝謝你為我打抱不平。我想，我應該解釋一下，我當然不會覺得是自己的錯。應該說，是我自己選擇留在那樣的環境裡，卻沒有知覺，還以為是自己運氣不好，挑錯了人，沒在婚前發現他不為人知的一面。

但在發現之後，卻也因為他一次又一次懺悔，陷自己於萬劫不復的地獄裡。

是我一直沒告訴他，他的行為是錯誤的……

「這還需要你告訴他嗎？每個人從三歲開始應該就被告誡不能夠打別人吧！即使我是女生，我爸媽也是這樣告訴我，難道他沒有爸媽嗎？」

他有，不過，他的爸媽就是這樣教他的。

「他爸媽教他打人？」

他父親一直以來都有施暴的習慣，不只對他的母親，還包括對他。所以，我能了解他身不由己的悲哀。

只是我忘了一件事——世界上沒有一個人有義務毫無限度地包容另一個人；甚至可以說，沒有一個人有能力毫無限度地包容一個人。如果我在他第一次動手時就明白，我們或許不至於走到這一步。

在第三次之後，我再也無法坦然面對他，因為我每天得靠藥物，才能在逃離他之後，安然地進入夢鄉，停止害怕他這座隨時都可能爆發的火山。

「我不懂，事已至此，你卻不想提告他傷害？」

律師，我剛說過，他只是生病了。我的離開已經是個提醒，我想我這樣對待他，有一天他終究會明白自己錯了。只是律師，如果不提告他傷害，那我還能做些什麼來保護自己呢？

「如果你只是想給他警告的話，目前依家庭暴力防治法的規定，被家庭成員實施身體、精神或經濟上之騷擾、控制、脅迫或其他不法侵害之行為時，可以聲請保護令。」

我聽過「保護令」這個詞，但是到底有什麼功用呢？

「保護令，可以分為通常保護令、暫時保護令及緊急保護令三種。其中，『緊急保護令』是在被害人有受家庭暴力之急迫危險時，由檢察官、警察機關或主管機關代為聲請，包括夜間或假日都可以提出，但是被害人不能自行聲請緊急保護令。

「至於『通常保護令』與『暫時保護令』，被害人可以自行向法院提出聲請。暫時保護令通常不用開庭就會核發下來，但之後法院會自動通知雙方當事人開通常保護令的庭期，如果對方暴力情況嚴重，可以向法院聲請隔離訊問。等到通常保護令下來後，之前聲請的暫時保護令就會失效。

「法院在審理終結後，認為相對人，也就是加害者確定有家庭暴力的事實而且有必要的話，就會核發通常保護令，期間通常會是兩年。常見的保護令內容有：禁止相對人再度施暴，禁止相對人接觸、跟蹤、電話、寫信或其他騷擾行為，命令相對人搬出住所、命令相對人遠離某些特定場所或保持特定距離。甚至有保護令會命令相對人

交出生活、工作及教育上的必需用品、暫時指定子女監護權，關於這部分，法院通常會依子女安全狀況做審查，嚴重的話甚至會規定相對人探視子女的方式或禁止探視，少見的也有命令相對人負擔房屋租金、子女扶養費、醫療費、輔導費、律師費等費用、禁止相對人查閱被害人及其暫時監護之未成年子女戶籍、學籍及所得來源相關資訊。對了，也有保護令命令相對人接受戒癮、精神治療、心理輔導或其他治療輔導。」

可是，這樣一張紙真的能保護我嗎？我聽說很多人聲請了保護令，還是被對方動手。

「坦白說，的確有限，這張紙確實是防君子不防小人。不過，還是可以讓你知道，依家庭暴力防治法第六十一條規定，如果違反保護令禁止實施家庭暴力，禁止騷擾、接觸、跟蹤、通話、通信或其他非必要之聯絡行為，遷出住居所，遠離住居所、工作場所、學校或其他特定場所，完成加害人處遇計畫，就是類似心理輔導的認知教育等裁定，會構成違反保護令罪，處三年以下有期徒刑、拘役或科或併科新臺幣十萬元以下罰金。」

哈！聽起來的確是警告的意味而已。要是真遇到瘋狂的人，他怎麼會在乎這樣一張警告函呢？

「不管怎麼樣，如果他違反了這些保護令的內容，你可以去報警，他是會有刑事罪責的。不過，還是自己懂得保護自己比較重要。除此之外，你應該要考慮依民法第一〇五二條第一項第三款，夫妻之一方對他方為不堪同居之虐待，請求離婚吧！」

我懂，這世界永遠是自己最靠譜，別指望別人來幫你，對嗎？律師娘。

「我覺得並非如此，站在巨人的肩膀上，永遠比自己往上爬來得容易成功，這世界還是有很多『正常人』可以幫助你的。但是記住，只有在自己堅強起來以後，才能讓幫你的人覺得幫助你有價值，只有在自己培養實力之後，才能讓幫你的人更省力。自助、人助，然後天助，所以你得是第一個拉自己一把的人。」

我明白了。可是，你不覺得人生真是辛苦嗎？

「吃苦，是了解甜美的代價啊！」

【法律悄悄話】

⊙「保護令」要如何提出聲請？

檢附遭受暴力之相關物證（如：診斷證明書、照片；若沒有保留相關證物，仍可以向法院提出聲請，是否核發保護令則交由法官審酌）及可以證明彼此是家庭成員關係之證件（如全戶戶籍謄本），至法院或警局填寫「聲請狀」。

通常即使事證並不是很足夠，法院仍會先核發「暫時保護令」；其後，再通知開庭決定是否核發「通常保護令」（如果認為自己會有人身上的危險，可以向法院聲請隔離開庭）。

保護令的內容通常為禁止相對人（即加害者）施予暴力接觸、跟蹤或其他騷擾行為，或命令相對人搬出住所、遠離某些特定場所或保持特定距離。

Part 2——從眼淚學會的事

主婦的大事業

無論什麼年紀、什麼處境，你都要有目標而活。

律師娘，你不是說即使是全職媽媽，也可以找到自己的出路嗎？怎麼我的出路，一開始就這麼坎坷呢？

剛得知懷孕時，我本來是打算請育嬰假的。娘家的媽媽也告訴我，女人要有自己的經濟能力，靠男人，萬一他哪天變心，我連孩子的監護權搞不好都搶不過，正所謂人財兩失。

那麼，我那時候究竟是哪根筋不對，最後還是把工作辭掉了呢？

現在回想起來，沒錯，正是孩子的爸爸那句：「我們家不差你那份薪水，你乖乖在家把孩子帶好、帶大，比什麼都重要。」

對啦，他們家的確是不差我「這份薪水」，因為他們知道我本來就沒打算把我的「這份薪水」給「他們家」，不過，他們家也沒有想過要給我「另外一份薪水」啊！

雖然我想要買什麼可以跟我老公說，他也給了我一張副卡讓我自由花用，但是有幾次，他拿著信用卡帳單跟我對帳的感覺真的很不好。

「你又買了新包包？」

我覺得他根本在裝模作樣，上星期我才帶了那個新手媽媽社團有買有說讚的新媽媽包出門，他怎麼可能不知道。

「對啊！舊的那個沒有防潮設計，萬一下雨或水瓶漏了，寶寶的衣物不就全濕了？」

「舊的那個是指你上個月買的那個嗎？你不是說，那是網購排行榜第一名？」

「你現在是有什麼意見嗎？」

「不是有意見，是在跟你討論有沒有買的必要。」

「沒有必要，就不能買嗎？你買的東西就都是有『必要』的嗎？」

「你現在是在找碴嗎？」

「是你說要討論『必要』的問題耶！」

總之，每次信用卡帳單來的時候，我們就要開家庭收支會議，是誰三年前信誓旦旦地說「大爺養得起你」啊？

但我不得不承認，帶孩子雖然很累，其實心裡很有成就感，看著寶寶從喝母奶到吃副食品，然後自己可以拿湯匙吃飯，像是我自己的人生又陪他重新走了一次。

只是律師娘，如果像你說的，你也曾經當過全職媽媽，你就應該懂，一旁的人好像都覺得全職媽媽在家很閒，孩子不用養就會長大似的。

「好好喔！在家帶小孩，高興睡到幾點就睡到幾點，不像我們六點多就要起床趕上班。」假日早上都會在附近公園遇到的那個媽媽，語帶羨慕地跟我說。

我很想問她，一個三歲小孩六點起床，他會讓媽媽賴床到六點零五分嗎？

就算他昨天玩得夠累，早上睡到九點鐘才起來，也有一種跟你住在一起的婆婆會說：「不能小孩睡到幾點，大人就睡到幾點，應該趁小孩起床之前把家事都做一做，環境清潔，小孩氣管才不會過敏。而且現在睡得那麼晚，以後上學怎麼適應？」

光是想到一起床就要聽這些嘮叨，我還睡得著嗎？

我也不是愛計較，但是家裡的大小家事、寄信、繳費、第四台斷訊、馬桶壞了、燈泡要換，你想得到的雜事統統歸我管，就因為「我不用上班」。我婆婆還沒退休，我是家裡唯一沒有外出賺錢的人，所以我名正言順地要做任何跟賺錢無關的事情，而且「不支薪」。每次我跟老公提家務有給的觀念，他就推三阻四地裝傻，說什麼我在家裡又用不著錢。

我是想過孩子上幼兒園就重回職場，可是，就是在那時候，我發現自己又懷孕了。結果過去那三年的光陰又得複製貼上，畢竟老大自己帶，我也不想老二有差別待遇，更不希望遇到不知道怎麼溝通的保母，心驚膽跳的。就再等老二長大吧……

律師娘，看了你寫的很多女性成長文章，我真的覺得心有戚戚焉，女人應該學會尋找自己的價值，發掘自己的天賦，並且一點一點地嘗試去發揮它。

所以我開始想，在脫離全職媽媽的生活之前，我應該還是可以做些什麼的。

生孩子前在行銷公司上班時，我是負責編寫文案的，所以我自認很會推銷產品。這幾年，敗了不少新手媽媽的東西，用不順手就束之高閣，興起了我做網拍的念頭。那麼多媽媽都在家做網拍，應該不是難事，搞不好還可以當我事業的出發點。成功了，以後不用上班，專職在家做事業，還能陪小孩，也算得上值得驕傲的成就。

一開始其實還算順利，老公說得也沒錯，的確有很多東西我買了沒怎麼用，又衝動添購新款式，如果可以把我這些「不必要」，說得讓人覺得「很必要」，也算是一種才能吧！

我的網拍事業就這樣起飛了！連老公都注意到我變得神采飛揚，好奇地問我：「你最近好像很開心？」

「律師娘說得沒錯，找到自己的天賦是最快樂的。」我難掩得意。

「律師娘是誰？你在哪裡認識的？」

對他的追問，我微笑不語，那是我們女人之間的秘密。

只不過，唉……我本來以為可以從零用錢賺到私房錢，從小買賣做成大買賣的。因為我還年輕，才三十一歲，事業大有前景。

其實我本來有機會大鳴大放的，只要沒收到那張警局的通知書——案由是「商標法等」。

一開始，我還以為是詐騙集團呢！我一個生活簡單的家庭主婦，怎麼可能會跟犯罪扯上關係。

結果，居然是為了一個從夜市釣娃娃機用十元釣來的無嘴小貓咪！又不是我做的，怎麼也構成仿冒？我才賣了一個也不行嗎？是，就像檢察官說的，看它做工那麼粗糙就知道是假貨。

可是我上網查了，警察上網釣魚引人犯罪叫「陷害教唆」，那是不合法的吧！

「所謂『陷害教唆』是指行為人原來沒有犯罪的意思，因受他人，例如警察的引誘才萌生犯意，進而著手實行犯罪。你原本就在網路上刊登仿冒品的廣告，只不過成交者是警察，由於你原本就具有犯罪之意思，犯意並非警察所創造，警察只是利用機會運用設計引誘的技巧，使你暴露犯罪事證，這樣的誘捕可能很難用主張違法來抗辯。」

上次律師是這麼說的。

果然，最後我還是拿到有生以來的第一個判決——有罪，只是被宣告緩刑，幸好緩刑期滿，我還是清清白白的，不會有犯罪紀錄。

「那你會繼續發展你的大事業嗎？」

那當然囉！律師娘，你不覺得嗎？女人哪，應該留一些空間給自己，特別是在結婚之後，不管有沒有在賺錢，只要有自己的目標或喜好，都是讓自己發光發熱的一種方式。當你至少保留百分之十為自己努力，我想魅力自會悄悄而生。

律師娘，我想問你，你覺得當全職媽媽到底好不好？

「我覺得呢，做自己喜歡的事，不要為別人而活，都好。」

【法律悄悄話】

⊙販賣仿冒物品有什麼罪責呢？

依商標法第九十七條之規定：

「明知他人所為之侵害商標權物品而販賣，或意圖販賣而持有、陳列、輸出或輸入者，處一年以下有期徒刑、拘役或科或併科新臺幣五萬元以下罰金；透過電子媒體或網路方式為之者，亦同。」

由於法條中包含了「陳列」，因此，即使只在網路上刊登而沒有實際販售出去，一樣會有違反商標法的問題，甚至只是將偶然買來的路邊攤廉價仿冒物品網拍出去亦同。如果買受人陷於錯誤以為是真品，還有可能構成刑法的詐欺罪，千萬不要以身試法喔！

那一巴掌

永遠不要忽視暴力的嚴重性。

律師娘，你一定不相信，像我這樣的知識分子也會用上家暴保護令吧！我沒有什麼自抬身價的意思，只是我想很多人——包括我自己——結婚前都以為打老婆這種事情，只會發生在酗酒或是失業的男人身上。是他讓我知道，並非如此，原來即使位居一家公司的高階主管，也會有情緒控管的問題。

你應該很難想像，面對這種事情第一次發生時，女人是什麼樣的心情。別人我不清楚，但對我來說，第一個反應就是難以置信——我怎麼可能被老公動手?!要是婚前的我，下一秒就去報警了！究竟是為了什麼，結了婚以後，我居然失去這種自我防衛的能力呢？我居然在被他賞了一巴掌後，怔怔地愣在那裡將近十秒鐘才回神，然後整個人癱在餐桌旁的椅子上，最後趴在桌上嗚嗚地哭泣。

那是一種無助，像是世界上最該保護你的人，居然傷害了你……

很痛。

雖然那一巴掌並不重，但牽引起心中的那條神經線，拉起來的力量，卻痛得讓我無法自已。

我到底做了什麼嚴重的事，他竟然會動手打我？

當然，動手就是不對，沒有任何理由！可是他動手的那一晚，我居然想了一整夜，是不是其實我不對在先，所以他「不小心」不對在後？

他是個單親家庭的孩子，或許，他的孩子氣還在，所以一時無法克制自己，就做錯了。他都抱著我跟我道歉了，應該是值得原諒的。我那時也不應該說：「你跟你爸一樣不負責任！」即使他公事繁雜，常忙得無法接手機又從來不回電話，甚至應酬時看到我的連環叩也直接掛掉關機。

難道在婚前，我不知道這點嗎？

真的是不知道！

談戀愛時，他要是漏接了我的電話，一定急急忙忙打來道歉，怎曉得結婚後就變了調，所以我才難以適應。

那天，他語帶抱怨地對我說：「我的工作壓力很大，你沒事不要打電話給我，增加我的困擾。」

「我打給你就不會是沒事。沒空你先不要接就好，但晚點有空時，你不能回個電話嗎？說不定我找你是急事，搞不好我發生車禍了，又或者你媽出了什麼事，你不會擔心嗎？」

我不是要詛咒他母親，可能是當下說不出什麼像樣的理由，加上我對他母親在他心中的重量一清二楚，所以一時情急，口不擇言。

「不要把我媽扯進來，她很明理，不會像你這樣無理取鬧。」

「我哪有無理取鬧？請你接電話就叫無理取鬧，那你這樣一出門就像斷了線的風箏，是不是太過分？你跟你爸一樣不負責任！」

這就是他第一次動手之前，我說的最後一句話。我一開始只是想讓他知道，像他這樣大半夜不回來、又聯絡不上，有多讓人心急。他卻想起了在他五歲時，就跟別的女人在外同居的父親。

他最後一次看到父親是爸媽簽離婚協議書的時候，在那之後，父親就以他母親是單獨監護為藉口，不來看他，也不付扶養費用，就像爸爸的責任用一紙離婚協議書就可以無條件斬斷似的。

他幾乎沒提起過父親，唯一一次是我提到想生小孩時。或許他對於「父親」這個角色的定位很質疑，所以忿忿不平地說出了對他父親的評價。

「我問過律師，即使我母親單獨監護，我父親也有給付扶養費的義務，他過去的不負責任，我隨時可以去提確認扶養義務不存在之訴，以免以後他流落街頭，依老人福利法被送進安養中心安置，我還得幫他付安養費用。」

我知道他心中始終放不下，為了想讓他知道我有多在乎他三不五時的失聯，而同時點名了他的摯愛和至恨。

是我的錯，我一開始這麼想。

然而後來我才發現，我是錯了，但錯在應該讓他知道動手是多麼嚴重的事情！而不是在他說完抱歉以後，就以為他認真地自我檢討了，還抱著他說，是我講了不該講的話。

當然，每個人都應該有機會反省跟改過的，但起碼關於動手，第二次就不可原諒了。

我不想重複那一次的對話。不管我說了什麼，都不應該是他第二次動手的理由。

他不了解沒關係，我想法官會告訴他，所以我離開了。去派出所提出聲請保護令的要求後，員警幫我製作家庭暴力事件調查紀錄表，之後，分局的家庭暴力防治官打電話通知我去撰寫保護令聲請狀。

我拿到了暫時保護令，不久，法院也主動通知我開通常保護令的庭。我知道我可以要求隔離訊問，但我沒有，我要在法庭上親自看法官告訴他，他不可以再對我施加暴力，我也不想再收到他一天幾十則的道歉訊息。

我想夠正式了，有效期間一年的通常保護令，禁止他對我實施家庭暴力，也不能對我有騷擾、接觸、跟蹤、通話、通信或其他非必要的聯絡行為，他還得去上認知教育輔導課程。警察還會依保護令，保護我去取回我的車子，及我個人生活、職業或教育上的其他必需品。

我本來希望在我找到律師辦妥離婚的事情之前，他能夠反省自己是怎麼失去我的。如果有下一個女人，他應該學習去擺脫他幼時的夢魘，而不是加諸在無辜的人身上。

結果他根本沒學乖！他以為求愛簡訊就不受那紙保護令所限制嗎？我關機了，這是我第一次這樣回敬他。

以往，我從不認為公平與報復是一種好的溝通方式，但是律師，我不曉得還能怎麼做，連法院的保護令也可以不遵守嗎？如果他不去上課學學怎麼尊重別人的身體，那我到底還能拿他怎麼辦？

「依家庭暴力防治法第六十一條的規定：『違反法院依保護令所為之下列裁定者，為本法所稱違反保護令罪，處三年以下有期徒刑、拘役或科或併科新臺幣十萬元以下罰金：一、禁止實施家庭暴力。二、禁止騷擾、接觸、跟蹤、通話、通信或其他非必要之聯絡行為。三、遷出住居所。四、遠離住居所、工作場所、學校或其他特定場所。五、完成加害人處遇計畫。』

「也就是說，如果你去報警，他是有可能會被判刑的，而且違反保護令是非告訴乃論之罪，之後如果撤回告訴不影響檢察官起訴。不過，以他的情節，應該是罰金的可能性比較高。」

那律師娘，你覺得呢？我應該去警局對他提出告訴嗎？這樣一來，他就會有前科了……

「這不是我們可以幫你決定的，但或許你可以請他『摯愛』的母親幫忙，嘗試打開他的心結。

「倒是你呢？在曾經的暴力陰影下，你走出來了嗎？

「永遠不要忽視暴力的嚴重性，從第一次開始，就要懂得保護自己，不是面對每一次的暴力，你都有機會像這次一樣走出來。」

【法律悄悄話】

⊙當遇到家庭暴力時，可以請警察保護我嗎？

依家庭暴力防治法第四十八條之規定——

警察人員處理家庭暴力案件，必要時應採取下列方法保護被害人及防止家庭暴力之發生：

一、於法院核發緊急保護令前，在被害人住居所守護或採取其他保護被害人或其家庭成員之必要安全措施。

二、保護被害人及其子女至庇護所或醫療機構。

三、告知被害人其得行使之權利、救濟途徑及服務措施。

四、查訪並告誡相對人。

五、訪查被害人及其家庭成員，並提供必要之安全措施。

警察人員處理家庭暴力案件，應製作書面紀錄；其格式，由中央警政主管機關定之。

放下，並不是要你原諒，而是學習怎麼處理對方給你的傷害，
讓自己能夠帶著創傷回到正軌，優雅地繼續走下去。
你可以忘不了，但不能夠走不掉。
世界之大，總有你能自由呼吸的地方。
總有一天，他會再也影響不了你。

誰慢了拍？

該負責讓你幸福的，永遠是你自己。

因為，那天是我和他的三週年紀念日。

當然不是結婚！是在、一、起，就是所謂的「交往」啦。你說起算日嗎？就是從他說「當我的女人吧」那天開始算起啊！

我知道你覺得很蠢，我以前也這麼覺得——在他給了我這個絕對無法做其他解釋的保證之前。尤其是當我過了三十歲那個當口，還沒能把任何一個途經我生命的男人，放在我的愛情芳名錄上，我開始覺得戀愛這種事根本跟大風吹一樣，規則就是要少幾個位置，大家才能搶著坐。而我，永遠都是在音樂停止時慢了半拍的那幾個人之一。

甚至這一次我都就定位了，卻被一個小我八歲、年輕貌美的女人給趕起來，說那位置是她先坐的。你說多不公平！她多的是位子可以坐，為什麼就說我坐的是她的位置呢？她沒注意到我坐穩時已經三十六歲了嗎？她不知道那讓我有多窘嗎？尤其是我在坐下的那一刻還舉起雙臂大聲歡呼，告知眾人我不會當「剩女」了。

你知道三十六歲代表什麼意義嗎？你有去過那家知名的西餐廳吧！價格平實，經濟實惠，但服務卻是各大媒體公認的無可挑剔。

跟西餐廳有什麼關係？你記得用餐完畢上甜點的時候，他們都會遞一張意見調查表給你吧！上面第一項問你是男性還是女性，第二項就是要勾選年齡級距。

重點就在此，進入三十六歲的差別就在這裡，你會從「31至35歲」的選項，跳到「36至40歲」那個選項。

要我說，他們的服務根本就是零分！跟一個剛跨越三十五歲大關的女生說：恭喜你啊！你進入「將近四十歲」這個級距了。他們有考慮到你的心情嗎？沒有，所以他們在第三項繼續追殺，問你：「已婚？未婚？」

因此，我當下心神喪失地問了他。

雖然在這種以ＣＰ值取勝的餐廳，不太適合作為未來向女兒炫耀求婚浪漫過程的完美場地，不過我還是問了：

「我們會結婚嗎？」

畢竟我得把握生得出女兒的最後良機。

「……當然。」

你注意到了，我也注意到了，那個「……」。

但，沒關係，至少當時我是這麼想的，這是個還不錯的開始。

●

就是從那天起，我開始以未婚妻的身分自居，練習怎麼當一個稱職的老婆，儘管過去十幾年，我一直看不起那些在愛情中迷失自己的笨女人。

像什麼呢？

我不再把全部的心力放在工作上了，雖然過去，那也只是我抗拒對婚姻的渴望、假裝不在乎家庭生活的浮板而已。沒辦法，親戚們都在問我媽，我媽又來問我：「交男朋友了嗎？還不打算結婚嗎？是不是眼光太高了？」而我只能說：「過兩年吧！工作真的太忙了，沒時間。」不然我要回答「因為嫁不出去」嗎？這些親戚究竟有沒有在看新聞？不知道年夜飯的十大地雷問題榜首是什麼嗎？

不過，還好有了他的保證，我算是吃下了定心丸。

我不用再把工作當成晚歸的藉口，逃避回家和老媽大眼瞪小眼。每當快到下班時間，我就開始讀秒，準備在分針指到「六」時，揹起我的C牌包包衝出公司。不是我有多期待與他見面，畢竟都在一起三年了，而是，我終於有機會在公司表現自己有急著下班的理由，在那個「……當然」的保證後。

哼！同事們以為我不知道他們怎麼在背後叫我的，雖然我沒有聽到，可是從他們的眼神裡猜得出，總之，不是「敗」字輩，就是「剩」字輩。

尤其是那些二十幾歲的小女生，我在心裡祈禱過幾百次，十年後，我這個頭銜換她們來當，以現在單身的比例節節高升，十個最少也中一、兩個吧！

如果讓我選，我會挑小瞳。我跟她才沒這麼要好呢，是她要大家這麼叫她的，裝小！也二十八歲了，胸線從沒一天沒出來跟大家打招呼的。等著吧！那些望著她……

的胸部流口水的男人，她以為他們會埋單嗎？他們最後娶的，都是那些說自己沒交過「正式的」男朋友、每天帶著自製便當上班、昭告天下自己是賢妻良母、隨時準備要跳樓大拍賣自己的女生。不過，小瞳還是有機會的——當「小三」的機會，但她別灰心，大家都說在愛情的世界裡，不被愛的那個才是第三者。

說到這裡，你大概覺得我很歹毒吧！那你聽聽她對我說的話。

「大姊！（大姊?!How dare she!）別把青春都賣給公司了，女人終究是要談戀愛結婚的，這樣人生才能圓滿。您應該早點下班，多去拓展一下社交圈。我有個叔叔雖然快五十歲了，看起來其實沒那麼老，頭髮雖然有點稀疏，不過還是黑色的，肚子也有一點，但是畢竟這年紀了，西裝穿起來也不明顯。他說，不介意（？）娶三、四十歲的女生，他自己也離過婚，兩個小孩都國中了，如果您願意嘗試看看——」

「我有未婚夫了。」

律師娘，你不知道我說這話的當下有多爽。

●

怎樣算是未婚妻呢？

關於這問題，當時我也想了不下幾十次。就是兩個人說好，以結婚為前提交往唄！我記得我幫他做了不少次便當，送到他公司給他當午餐——沒錯，就是那些早早就嫁出去的女人做的事。坦白說，我也不是不願意，但總要有對象吧！送便當這種事情，應當是某種程度的交情或深情才能要的心機，我就是沒遇到那個人過，直到他說「……當然」。

雖然我不懂，為什麼他總是叫我在公司附近等。我不夠漂亮嗎？讓他沒有面子嗎？

疑神疑鬼不是一個要與人許下終身的未婚妻應有的風範，我是這樣說服我自己的。但，總該見見他的父母吧！每次都是他送我回家的，自從他說了那句「……當然」以後，我甚至還讓他上樓見了我的父母，因為，每次和親友介紹的對象出去幾次沒了下文，老媽總愛催著我主動打電話給對方。

「女追男隔層紗。」老媽說著上個世紀的俗話。

我實在懶得跟老媽說，人家不跟你繼續聯絡，你就該知道意思了，自取其辱這種事，我在三十幾歲還幹不出來。

老爸的態度呢？他倒是無所謂。

「結婚不見得比較快樂。」說這句話時，也不看看他的老伴翻了幾個白眼。

不過，後來這些都不是問題了，他們總算對三姑六婆五叔十嬸有了交代，因為我要結婚了。日期未定，但是男主角已經說了：「……當然。」

讓我想想我還做了什麼未婚妻該做的事。

要結婚了，第一個缺的當然是婚戒啊！T牌的經典款，我就滿足了，鑽石不用大，大了俗氣，我只要看得出那個它特有的八爪戒造型，就足夠讓公司裡的小瞳嫉妒到下輩子去了，因為我賭她這輩子嫁不出去。

我們逛了T牌、B牌、J牌……他都說那不是完美的那一顆，他知道，屬於我們的那一顆就在那裡，等著我們找到它，雖然後來花了半年的時間，完美的「它」一直都沒有出現。

那麼婚期呢？宴席起碼要在婚期的半年前訂吧！

「別急，等你先見過公婆再說。」是正常的程序沒錯啦，但公婆呢？還沒到完美的那一刻？

我的確開始疑心了。

畢竟，他算得上相貌堂堂，雖然已屆不惑之年，但跑馬拉松的訓練讓身材維持得很不錯，談吐、風度也上得了檯面，還是個部門經理，怎麼會輪到我坐這個位置呢？

我知道大家都說我蠢，但我還是有點小聰明的。

所以，我沒有事先告知他，上樓進了他們公司，然後請櫃檯那位臉有點臭的小姐通知他。

他看到我，臉都鐵青了，但我總得冒險一試，畢竟我不是二十幾歲的小女生了——踮起腳，對著高我十公分的他，啄了他的臉頰一下。

「我想你嘛！」

那四周掃射過來的眼神幾乎讓我百箭穿心。

接下來你們都知道了，就如同我剛走進你們事務所說的那樣。

他的老婆馬上就被通知了，因為他不只是部門經理，還是公司的駙馬爺。

留給我的手機號碼是他的公務手機，下班就關機，而且他從不離身（真是辛苦他了）。

事發之後，那支手機打來的第一通電話居然是他的老婆，老闆的千金。

我還得感謝她呢！她相信我是無辜的，只要我從此跟他一刀兩斷就好。

怎麼可能！我三年多的青春呢？讓我莫名其妙當了三年多的小三，在這三年中，我從意見調查表的「31至35歲」跳到「36至40歲」，她到底懂不懂啊！

「依民法第一百八十四條第一項規定：『因故意或過失，不法侵害他人之權利者，負損害賠償責任。故意以背於善良風俗之方法，加損害於他人者亦同。』

「還有民法第一百九十五條：『不法侵害他人之身體、健康、名譽、自由、信用、隱私、貞操，或不法侵害其他人格法益而情節重大者，被害人雖非財產上之損害，亦得請求賠償相當之金額。其名譽被侵害者，並得請求回復名譽之適當處分。』

「他明知你們是以結婚為前提而交往，竟對你故意隱匿已與他人結婚的事實，已造成你精神上極大的痛苦，顯然已超越一般社會客觀上所能容忍的程度。總之，你可以向他請求精神賠償，過去的案例大約是幾十萬元。」

這是大律師說的，就法來論法。

那你呢？雖然你只是律師娘，但待在律師的身邊，也看多了吧！你說，我該怎麼辦？

我連最後相親可能成功的機會都被他毀了，精神賠償幾十萬，有什麼意義嗎？看你年紀也跟我差不多吧！換成是你，你會怎麼做？

「第一，你該讓他知道他錯了，做錯事就應該受到懲罰。第二，你該讓自己知道，不是你的錯。即使換成幾百萬，也換不回你的青春，所以金錢當然不能衡量你受的傷害。但是，假使他未婚吧，最後一定會娶你嗎？娶你，你們一定會幸福嗎？人的幸福，靠不了別人給的。不論你的境遇是什麼，該負責讓你幸福的永遠是你自己。」

律師娘，我知道你想說什麼，我還是可以追尋我自己的幸福的，是嗎？

其實那三年多，我確實是感覺到幸福的，那是過去三十幾年來我不曾抓住過的，很殘酷，卻很真實。

我說了，我從大風吹的位置上被趕了下來，就是這麼一回事。但我相信，下一回音樂再停止時，我可以找到自己的位置坐。

【法律悄悄話】

⊙隱匿已婚的事實與他人交往，會有什麼法律責任？

所謂的「貞操權」，是指一個人對自己是否與他人發生性行為或其他身體上的親密接觸等行為，應該有自主決定權。而和自己發生性行為的對象是否已婚，因為涉及該性行為是否違反法律規範，所以屬於一個人性自主決定權考量的重要事項。

因此，在一般情形下，一個人如果隱匿自己已婚的事實，導致對方不知情而同意與他發生性行為，會被認為是有害於他人的貞操權，在實務判決上，的確被認定是可以請求精神上的損害賠償，也就是慰撫金。至於慰撫金的金額，法官會斟酌雙方之身分、地位、資力、加害之程度、被害人所受之痛苦及其他各種情形，核定相當之數額。

關於貞操權的說明，可另參見本書第六十七頁。

春雷

要討好一個人不難，只要打從心底喜歡他就好。

那天，應該是我這輩子最難忘掉的一個日子。

當車庫的鐵捲門緩緩打開那一刻，我的丈夫——那個跟我共同生活了十年的人就站在那裡，他布滿猩紅血絲的雙眼，直直瞪視著坐在駕駛座上的我。

我該演一場惱羞成怒的戲碼搶回主導權的，卻什麼也沒做地呆坐著。

在他身後站著一組人，他們臉上幾乎都披著同樣的表情：漠然、無感和公事公辦，就連那高舉的攝影鏡頭似乎也睜著嘲諷的大眼在看我。

其中，有兩個人戴了白色手套，一高一矮，趁我和助手席上的他還沒反應過來的那瞬間，迅雷不及掩耳地衝上了二樓。後來我才知道，這就是他們的分工，樓下的人負責拍照、攝影及攔人，上樓的人則是去打包房間內的床單、衛生紙和垃圾袋。

他花了五十萬，召喚來的一批狗仔。

而他們也的確使命必達。

三十八歲其實是個很棒的年紀，明白自己要什麼，而且不缺乏勇氣去追求，懂得怎麼照顧自己，過得愜意又怡情，也學會怎麼妝扮自己，讓自己散發成熟美麗的韻味。

人生該有的，我一樣也沒缺：穩定的職業、認真賺錢的丈夫，還有功課很不錯的孩子。回頭看，遇到他的時候，我對生活應該是很滿足的，怎麼樣都想不到我會讓自己的生命產生如此的劇變。所以，你們問我後悔嗎？我沒辦法後悔啊！這不是我的決定，事情就這樣發生了。

他來公司面試的那一天，和人事部門的小青坐在玻璃隔間的會議室裡。會議室的玻璃牆面從地板到半身高是霧化處理的，我從一旁經過時，他正好用手理了理窄版領帶，抬起頭，舒展著肩頸。這一抬頭，剛好與不自覺往那裡面望的我對上了眼——好糗！都已經要走往不惑的我竟然就這樣失了神，把手上的卷宗撒落在地。而當我撿起散落一地的文件時，他居然也剛好面試結束，走出會議室，然後很自然地蹲了下來幫我收拾殘局。我像是一個粗心的行政小妹，完全失去平常「業務一姊」的風範。

或許從那時起，我就該跟他保持距離的。

他很好看，好看到你會覺得他應該把進入演藝圈當作第一志願，而不是應徵進我們這種殘酷廝殺的公司。但是反過來想，他很聰明，如果要當偶像，他或許可能會沒入茫茫的小鮮肉人海中，但是進入像我們這種美妝公司的業務部，不少客戶是經營美容沙龍的大姊和阿姨，他馬上就變為最耀眼的一顆明星，而且是我們部門BOSS手上除了我以外，最驍勇善戰的大將。

大家都說是我帶得好。可是我心知肚明，那些經營美容沙龍的客戶們，多數是四、五十歲以上的師奶，手下的美容師則多是三十歲上下的輕熟女，大家為了見到他這樣的天菜業務員，能不訂單狂下、新品狂推嗎？

回到公司，他卻總是對其他同事說：

「學姊好厲害。」

「學姊」，這就是他對我的稱呼。

我不得不說，他真的很會把人往地獄裡拉。

通常，同事們都會在我的名字後面冠個「姊」字來稱呼我，以示尊重，他卻獨排眾議喚我學姊，硬是把我們的關係從同事和從屬，拉到一個曖昧的位置上，少了職場的斧鑿匠氣，多了距離剛好的親暱感。

跑外面的時候，我們一起吃午餐。

「學姊，我帶你去吃一家很厲害的牛肉麵。」

加班的時候，我們一起叫外賣。

「學姊，我跟一家排骨飯店的老闆很熟，兩個便當他就送。這個月我能領到創新高的業績獎金都靠你，便當給我請。」

其實我好幾年不吃炸的了，卻悄悄為他破了例。我想，應該從那時候開始，我就偷偷打開了心中的某個道德開關。

只是很快地，我們之間的暗潮洶湧，開始瞞不過公司裡的一雙雙眼睛。

他應該有聽說，卻似乎不懂什麼叫「避嫌」。出差時，有我專屬的一份伴手禮；沖咖啡時，一定會多沖一杯，而且一次就記住了我的喜好。

要討好一個人不難，只要打從心底喜歡他就好。

難道，他喜歡我？

不害臊！我們差了整整快十歲。

「學姊，我先下班囉，不要忙太晚喔！」

我已經習慣一週五天，都要聽到他暖呼呼的叮嚀。

有時候我會期盼他彎身靠近坐著的我，討論業務上的細節，這時他特有的男人體味會隱約飄散在我的四周，在他離去之後，我偷偷地吸了口氣。

有時候，我會在發現他走往茶水間時，故意把水一口飲盡，找藉口後腳跟著他踏進去。

我不記得自己這些不道德的想法什麼時候開始的，但在我們眼神交會停留的時間愈來愈長後，我知道，他，並不排斥。

發現到這件事的當頭其實我是驚慌的，我知道我有機會犯規，而且對象是那麼誘人。如果不採取一些措施，我肯定得束手就擒。

可惜的是，雖然我從小就不是個會準時上課、按時交作業或考試不作弊的好學生，卻在成人的婚姻生活裡，當了多年模範生，這讓犯規對我更產生了魔鬼般的吸引力。我每天都期待著起床時刻來臨，匆匆送孩子上學後，就急著上班坐到位置上，等著下一分鐘他從ＯＡ隔板前走過，那畫面雖然每天看，還是教我心動。

後來，我開始在化妝時想學年輕一點的妝感，買衣服時，希望露點肩、秀點胸線，展現多一些女人魅力，甚至還特地去排隊搶購限量的魅力款唇膏。

是有一絲絲愧疚感，因為我做的這些都不是為了我法律上的配偶。

當然，同事也發現了我的改變，關於我倆的傳聞更是沸沸揚揚，但我們就是有理由一同跑外務，就是有藉口關在會議室裡討論公事，人只要臉皮厚，就什麼問題都沒有。

我以為自己可以一直這樣享受若有似無的情愫下去，即使同事們都心知肚明也拿我們沒辦法，沒想到在我生日那天，卻收到了一份絕不應該來自他的生日禮物——一條心形墜子的項鍊。

我不該收下的，但他那理直氣壯的理由多麼令人難以拒絕。

「學姊，我來這裡創造的業績都是你帶來的，這是你應得的。」

在只有我們獨處的會議室裡，他站到了我的身後，雙手環過我胸前，再繞至頸後，為我戴上了項鍊，他呼出的氣息在我頸上輕輕吹拂著，我感覺到手臂上的寒毛都豎了起來……

就這樣，我淪陷了，即使粉身碎骨近在咫尺，但我已無法回頭。

在摩鐵鐵捲門打開的前一刻，我都還輕飄飄的，沒有意識到自己做了什麼。直到看見另一個他，那個應該是我唯一能縱情的對象——我的丈夫，漲紅著臉，在鐵捲門外等著給我「驚喜」。

他們拉著我到警察局。是恍惚嗎？我看到合法的他，打了非法的他。也隱約記得在驚嚇之餘，聽他們說我是現行犯，就乖乖跟著他們去做了筆錄。

這就是所有故事了。

「這不見得算現行犯，你們又不是正在進行性行為。」

可是筆錄都做了，可以不算數嗎？我真的嚇壞了，所以全盤托出。

「自白要翻供，的確有一定的難度。」

那怎麼辦，律師？就認栽了嗎？那我可以反告他妨害秘密罪嗎？我後來才知道，他居然在我車上裝了ＧＰＳ衛星定位追蹤和ＧＳＭ行動電話監聽功能的追蹤器，就是這樣，我才會在警察局的筆錄中都認罪。這算不算是違法蒐證？

「現在實務上的判決，對妨害家庭罪的蒐證方法是否成立妨害秘密罪，看法不太一致，會依個案的狀況及手段個別認定，甚至很多是一審判決有罪，二審卻判決無罪的。

「不過，如果通案上來說，法院一般認為在夫妻婚姻關係中，一方對他方本來就負有維護婚姻純潔之義務，而違反婚姻純潔義務的行為，依一般經驗法則，要取得證據極為困難，所以，如果夫妻一方的行為，在客觀上已經足以導致他方對婚姻之純潔產生合理之懷疑時，那他方本於『去除婚姻純潔之疑慮』或『證實他方有違反婚姻純潔義務事實』之動機，而對於對方的私人領域有所侵犯，例如以竊聽或竊錄其私人秘密通訊，應該可以認為是他方為維護婚姻純潔所做出之必要努力。」

你的意思是說，告他妨害秘密是告不成的？那我的隱私權呢？

「從法律的角度來看，夫妻在婚姻關係存續中，雖然仍應各自保有一定程度的私人隱私空間，但為了達成婚姻圓滿的目的，各自的私人領域應該為對方做某種程度的退讓，尤其是夫妻一方在婚姻純潔義務的保持上已引起他方合理懷疑，權衡違反婚姻純潔義務的行為足以徹底破壞夫妻雙方對彼此的信賴，而使婚姻基礎發生動搖，相對於違反婚姻純潔義務的人的秘密通訊自由，另一方似乎更應受到保護。況且，刑法第三百一十五條之一所規定之妨害秘密的行為必須要『無故』，如果對方已掌握了一些你們曖昧的證據，才進行這樣的蒐證，就不算是無故，很可能會免除妨害秘密罪的責任。

「當然，我說過，目前法院的實務看法還不是很一致，只是提供給你參考看看。」

這不公平！律師娘，你是女人，應該站在我這邊吧！

你能否認，結婚之後有時真的會有種窒息感嗎？像是對愛情的渴望活生生被閹割了，像是被禁閉而無法再感受春天的氣息，像是入冬後逐漸了無生息的大地，祈求著一聲春雷。

「我懂。」

你不試試看嗎？

【法律悄悄話】

⊙刑法關於「妨害秘密罪」的規定為何？

依刑法第三百一十五條之一規定——

有下列行為之一者，處三年以下有期徒刑、拘役或三十萬元以下罰金：

一、無故利用工具或設備窺視、竊聽他人非公開之活動、言論、談話或身體隱私部位者。

二、無故以錄音、照相、錄影或電磁紀錄竊錄他人非公開之活動、言論、談話或身體隱私部位者。

目前在法院實務上，對於抓姦的行為所構成的妨害秘密罪認定有漸趨嚴格的趨勢，有不少原配在蒐證的同時，自己也同時成立了妨害秘密罪，常見的態樣是裝設針孔攝影或破解電腦、手機的密碼，因此千萬要小心。

愛的理由

先擺脫需要被愛肯定，你才能找到自己被愛的理由。

我真的只是想讓那種甜蜜的感覺再久一點，即使只是多了一分一秒，都好。

「你沒有考慮過後果嗎？」

我應該是想過的，律師娘，可是不知道你有沒有過那種經驗，像是……小時候你跟媽媽說你考了一百分，好拿到說好的獎品，你心想九十分跟一百分只差一點點而已，這應該不算說謊吧。當媽媽問你：「考卷呢？」你故意做了做樣子翻書包，說：

「奇怪，該不會是忘了帶回家吧！」媽媽一直相信你做得到，所以先把獎品給你了。

你把玩著日思夜想的獎品，然而，儘管它就像你所夢想的那樣美好，但你開心不起來，同時憂慮起自己擁有它的期限愈來愈短。如果明天還不把考卷帶回家，媽媽會不會打電話到學校確認呢？到時候，你除了會失去它，還會失去媽媽對你的信任。

媽媽說：「我知道你做得到的。」她的期望如陽光般耀眼，即使你無法睜開眼正視，依然渴望為她的溫暖所包圍。

你懷著期待，會不會明天上學看到考卷，發現自己真的考了一百分！這是你今晚的夢，如果可以不要醒來……

「你結婚多久了？」

律師娘，這是個好問題，八年的等待，夠漫長了吧！如果我一結婚就懷孕，小孩子現在都要上小學了。

可惜，人生啊！你最想要的，往往老天就是不給你。

一結婚就懷孕的不是我，而是我先生的弟媳。她比我晚嫁進門，卻一連生了兩胎，一男一女，她說她連排卵期都沒計算過。

我不是覺得不公平，每個人有每個人的宿命。他們夫妻倆經濟狀況從來沒好過，所以一直和婆婆同住，不像我們在北部有自己的事業，過著小倆口輕鬆自在的生活，偶爾回南部探望婆婆，吃的、住的，都是弟媳在準備，我只要跟婆婆撒撒嬌，婆婆就疼得不得了。

一開始，婆婆真的是比較喜歡我的。我的娘家背景好，結婚時，嫁妝上得了檯面，婚禮也是我們自己辦得風風光光，都不需要長輩插手。我以為人生下來就是會有這樣的差別待遇，或許下輩子會風水輪流轉吧！

直到弟媳的兒女一前一後報到，我的肚子卻半點動靜都沒有，我才第一次聽到婆婆對我打的分數輸給她。

「你怎麼都還沒消息呢？人家比你晚嫁進門，都生兩個了。你有去檢查看看嗎？」

網路上推薦的名醫，我都看遍了。西醫說我的體質比較不容易著床，中醫說我身子寒要再調養，總之，就是要我再等等。

只不過，難道不會是男人的問題嗎？但我先生就是不願意去看醫生，認為那有失男性雄風，絕對不會是他的問題。

漸漸地，我開始逃避一起回南部探望婆婆，雖然我其實很想念在弟媳的孩子出生前，婆婆對我的偏心：「你愛吃雞腿，這兩隻都給你。」這種女兒才有的特權，我貪婪地以媳婦的身分享受著，一直到……

弟媳的孩子一人分走了一隻。

你可能覺得我很幼稚，但不是我有多貪嘴，是我已經習慣了的偏愛，現在指針卻偏到另一邊，讓我悵然若失。

我想到婆婆曾經說過，公公身後唯一的房子是要留給長房長孫的，是不是有一天，也會像雞腿一樣平分給弟媳的兩個孩子？

說到這裡，你應該就能明白，在我得知自己居然懷孕了的時候，有多麼雀躍！那代表過往的恩寵又即將重回我身上。我甚至忍了三個月不敢說，你知道習俗裡的那個禁忌，我不想冒一點點風險，讓幸福的感覺像泡泡一樣，一下子就破滅。

是個男孩！我多幸運，我知道婆婆會把過去遲延的寵愛加倍還給我，沒關係，這樣的利息我樂意接受。

「你要小心一點，不要拿重的東西。」

「你要多吃一點，你跟寶寶都需要營養。」

「不用常跑回來看我，跑一趟這麼遠，我去台北看你們就好了。」

我編織著生產後會有什麼樣的美景：婆婆或許會吵著要跑來幫我坐月子，我會跟她說不用了，現在坐月子中心那麼方便，她不用那麼辛苦；婆婆或許會幫她的長孫買一堆嬰兒用品，我會跟她說，媽，太多了，用不完啦！

婆婆愛的指針又偏向我了，雞腿又回到我的碗裡。

然而，我卻沒編織到這個美夢竟是海市蜃樓。

我什麼都沒做，寶寶卻在將近四個月時毫無預兆地離開了我。我當然捨不得孩子，但是告別悲傷以後，我想起我也捨不得婆婆的偏心。

如果她知道了，她心中的指針又將離我遠去嗎？

就因為這樣，沒有告訴任何人，我偷偷地跟魔鬼做了交易。

你應該猜到了——一個枕頭，延續了我短暫的寵愛。我還是不用提重的東西、還是有補充不完的營養，雖然一旁弟媳狐疑的眼神令我心驚膽跳。

「婆婆的偏心對你有這麼重要嗎？」

律師娘，你不懂，我有個在各方面表現都比我優秀的姊姊，她會跳舞、功課好，長得也比我漂亮，從小我的母親就特別喜歡她。我一直都很希望嘗嘗被偏袒的滋味。告訴你，真的很不錯。

其實，我本來只是想多貪戀兩個月的美好。我輸了姊姊三十年，就讓我多贏弟媳兩個月，這樣想並不過分吧！

「為了這個就去偽造出生證明、報戶口，太過頭了吧。婆婆能忍住多久不去看孫子？而你先生居然知道了也沒阻止你？你知道偽造文書的罪責嗎？刑法第二百一十條規定：『偽造、變造私文書，足以生損害於公眾或他人者，處五年以下有期徒刑。』當然，這種事可大可小，你沒有前科，動機也只是擔心失去婆婆的寵愛，建議你好好跟檢察官認罪，請求檢察官緩起訴吧！」

律師，我不懂，什麼是緩起訴呢？

「『緩』字是延期的意思，把『緩』字加到『起訴』兩個字之上，就是把本來要向法院起訴的案件延緩一下，暫時不予起訴。依刑事訴訟法第二百五十三條之一的第一項規定：『被告所犯為死刑、無期徒刑或最輕本刑三年以上有期徒刑以外之罪，檢察官參酌刑法第五十七條所列事項及公共利益之維護，認以緩起訴為適當者，得定一年以上三年以下之期間為緩起訴處分，其期間自緩起訴處分確定之日起算。』

「即使是犯罪事實明確、證據確鑿的案件，檢察官為了給被告自新的機會，還是可以做出緩起訴的處分，在緩起訴的一定期間內，若被告沒有違反緩起訴的條件，則據為緩起訴的犯罪便可以一筆勾銷。通常，檢察官會命被告履行一些條件或負擔，像是立悔過書，或者向公庫或指定的公益團體、地方自治團體支付一定的金額或義務勞務。」

律師娘，你能了解我的心情嗎？同是女人，你應該覺得我情有可原吧！

「你追求的或許不是真正讓你快樂的，只是你得不到而已。先擺脫需要被愛肯定，你才能找到自己被愛的理由。」

【法律悄悄話】

⊙什麼是緩起訴?目的為何?

檢察官對於已經具備追訴要件的犯罪，在一定之條件下，以命被告遵守或履行一定事項，代替提起公訴。如被告信守承諾，在緩起訴期間內不違背應遵守之事項，或完成應履行之事項後，檢察官不再對其進行訴追，亦即被告不必上法院接受審判。

例如：被告表示願意悔改，也願意參加社區服務，若檢察官也同意，就可以對他為緩起訴處分。緩起訴處分的期間由檢察官決定，如果定為一年，並命被告在此一年期間內，應去做一定時數的協助獨居老人打掃居家環境的工作，則在此一年期間內，被告不但應完成一定時數的社區勞務工作，且不得再犯罪，違反其任何一項，檢察官就可以撤銷他的緩起訴處分。如果履行勞務完畢且一年內都沒有再犯，就不用面對本罪的任何刑事制裁，也不會留下任何前科紀錄。

（摘自台灣苗栗地方法院官方網站）

不用羨慕人家打卡過得多幸福，換成你是他，你不見得比較開心。
不用嫉妒人家相片裡笑得多快樂，他擁有的不見得都是你想要的。
易地而處，你可能會發現，你最後還是選擇你自己的人生。

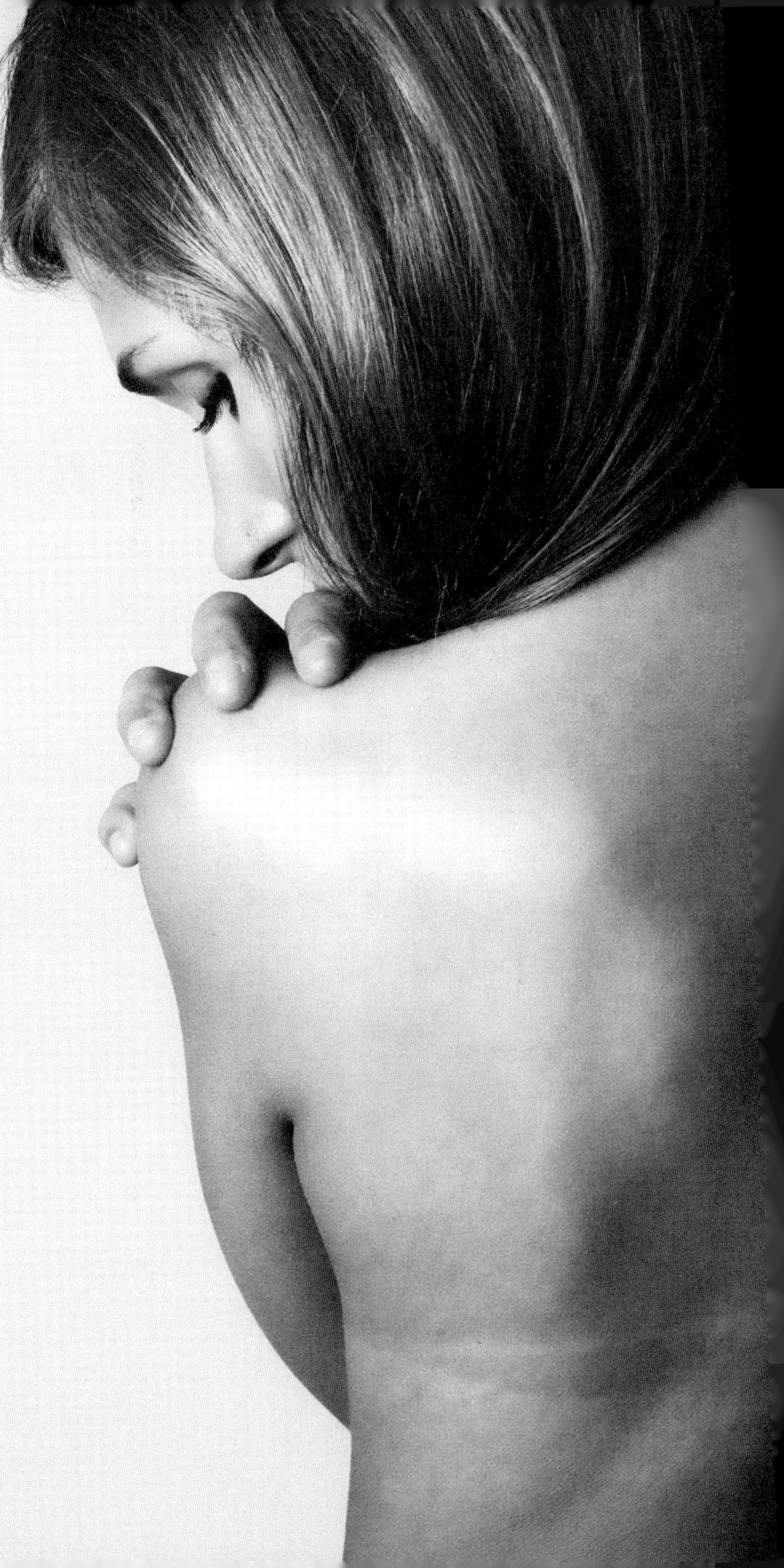

捨不得

你一廂情願地付出了那麼多，但真的是他想要的嗎？

律師娘，你相信人死之後，靈魂猶在嗎?它只是脫離了軀殼，以另一種形態遊走人間，而如果有所留戀，或許就會待在他所愛的人身旁，看護著他們吧！

我相信。

所以當他離開的時候，我異常地堅強，我知道他還在我身邊守護著我。

他一直都是這樣。

從第一次遇見他，他為我撐起傘卻不顧自己另一側濕漉漉的肩膀開始，我就知道他會是那個除了我父母以外，唯一把我看得比自己還重要的人。

很多女人都會希望自己嫁到一個多金、溫柔又體面的男人，但我愛上他以後，卻希望他可以再普通一點點，應該說，如果他不是來自那麼家財萬貫的大宅門就好了。

可是我又捨不得。

他的家人把他照顧得很好，如果不是來自這麼經濟良好的家庭，他或許不會有這樣令人傾心的教養；如果不是有過無微不至的照護，他或許不會有這樣令人注目的外表。他是他，因為他來自他們，凡事皆有因果。

這樣說起來，會愛上我的他，也是他們造就出來的，我要如何怨他們呢？他不會樂意的，那麼就怨我自己吧！

是我的卑微配不上他，我努力不夠，讓他們誤以為我看上的是龐大的家產，所以他們從來都不喜歡我。

他在的時候一直告訴我：「給他們時間，他們會了解你的。」

當他們連婚禮都不願意來的時候，他也說：「你嫁的是我，不是他們。」

我懂他對我的溫柔。他卻不懂讓他的家人愛我，對我來說也是我愛他的一種方式。「擱著吧！有一天，他們總得接受的。」在我一次又一次叩關不成後，他想勸退我的一廂情願。

「我不要放棄，我一定要真正成為你們家的人，你不了解我在意的是什麼，所以說得這麼輕鬆。」

我承認曾有過一個小小的惡念，希望他們家突然家道中落，他變得一文不名，這樣就能證明我對他的每一毛錢都不在乎，但一起念，我就立刻責怪自己惡毒。我怎能用這樣的傷害來證明自己的愛，這不是太矛盾了嗎？

後來我想，那就跟他去辦理夫妻分別財產制的登記吧！只要我們協議財產分開，而我在當下又放棄夫妻婚後剩餘財產差額分配請求權，讓我分不到他的財產，他的家人總會相信了吧！

「夫妻婚後剩餘財產差額分配，所能分配的是婚後有償取得的財產。繼承或無償取得的財產，本來就不在財產分配的範圍之內，所以即使你和他做了這樣的分別財產制登記，處分到的並非他龐大的家產，意義不大。你們還沒有孩子，如果有一天他先你而走，他名下的財產還是會由你和他的父母共同繼承，而且當你和他的父母共同繼承時，你的應繼分是二分之一，金額還是非常大。」

律師，你說的這些，其實我後來也知道了。分別財產制只能免除掉夫妻之間的剩餘財產差額分配，繼承的部分依然無法捨棄，所以後來我又跟他提議：「那我簽立一張拋棄繼承的切結書吧！證明我一點都不想要你們家的家產。」

「你幹嘛那麼在乎他們的看法？本來就不能讓全世界都喜歡你啊！」當時他是這麼回覆我的。但我沒要全世界都喜歡我，我只要他的家人，他的血緣之親當我是一家人就夠了。

「在被繼承人死亡前，拋棄繼承是無效的，我想他的家人應該不信這一套，如果他們真的那麼不信任你的話。」

律師，你說對了。我簽了拋棄繼承的切結書以後，請他帶給家人看，但他們原封不動地還回來。我後來甚至提議他簽個遺囑，剝奪我的繼承權好了。

「即使立了遺囑，法定繼承人還是有特留分。依現行民法的規定，被繼承人的配偶跟被繼承人的父母共同繼承的話，配偶的特留分是遺產的四分之一。」

所以連我不想要遺產都不行嗎？一定得等他走後拋棄繼承，他們才會相信我嗎？

後來我漸漸看開了，或許這一切只是藉口。人總有不喜歡的東西，就像我從小就不喜歡吃茄子，不論別人說茄子有多美味，我就是一口也不肯吃，不管用什麼方式烹飪都一樣。既然如此，我何必勉強別人喜歡我呢？或許我就是他們眼中的「茄子」，怎麼煮都不會好吃的。

記得當我這麼告訴他時，他簡直快笑岔了氣。

「難怪我這麼為你瘋狂，這才是我愛上的那個你啊！」

我以為可以在茄子的世界裡繼續快樂下去的。但是，在那長長的煞車聲之後，一切都不重要了。

如今，我真的有機會告訴他們，我其實不是茄子……

我完全沒有考慮，就辦理了拋棄繼承。我可以自食其力，我對他家人給他的一切資產本來就一點興趣都沒有，連可以分配的婚後剩餘財產都一併奉送，證明我對他的愛，無價。

「結果呢？他們真的明白你不是茄子了嗎？」

律師娘，你猜呢？

「如果真如你所願，你今天就不會來我們事務所了吧！」

哈！你猜對了。那你猜得到這結局嗎？

在我拋棄繼承之後，他們說我不是繼承人，不能進他們家的祠堂祭拜他。

我不懂，我拋棄的只是財產，怎麼會連祭祀權也一起拋棄了呢？妻子不能祭拜亡夫，這符合倫常嗎？

「依目前實務上的見解，繼承人之屍體、遺骨，在埋葬、管領及祭祀為目的之範圍內，得作為遺族之所有權客體，也就是繼承的標的。既然你拋棄繼承，則你亡夫的骨灰在埋葬、管領及祭祀為目的之範圍內，自應由其他的繼承人，也就是他的父母取得所有權。他們既然將骨灰放在自己的祠堂，因為祠堂的產權是他們的，基於處理自己財產的自由，自然有排除你進入祠堂的權利。」

那麼，我可以反悔嗎？拋棄繼承可以撤回嗎？

律師，我看見你搖了搖頭……

律師娘，難道我拋棄繼承，真的錯了嗎？

「其實一直以來，你真正沒看清楚的是亡夫對你的愛。他從來沒有要求你去討好他的家人，你一廂情願地討好，並不能證明你對他的愛。這並不是他想要的。

「我們往往以為自己是為了對方在付出，卻沒有好好想想對方要的究竟是什麼。到頭來效果不彰的時候，又認為自己受盡委屈。其實你很幸福，你遇到一個只在乎你的男人，這是許多女人夢寐以求卻得不到的。」

律師娘，那我該怎麼辦？

「你不是說人死後靈魂猶在，只是脫離了軀殼遊走在人間，如果有所留戀，就會待在他所愛的人身旁看護著他們嗎？那麼，骨灰不是他。你在哪裡，他就在哪裡，其實他一直都沒有離開過你，不是嗎？」

【法律悄悄話】

⊙親人負債過世，宜辦「拋棄繼承」？還是「限定繼承」？

「不是聽說現在都改法定限定繼承了嗎？不用拋棄繼承應該沒關係吧！」

雖然新法修正後，繼承人只要在所得遺產的範圍內負清償責任，但是法律同時規定，繼承人要陳報遺產清冊以及依債權比例清償債務。所以假設你不拋棄繼承，又沒有陳報遺產清冊給法院，一旦錢還給第一個債權人，又有第二個債權人跑出來（搞不好因為死無對證還是個假債權），不足的部分若是因為你的清償比例錯誤，你還是要把自己口袋的錢拿出來賠。

因此，基本上可以推論出：

一、確定負債一定大於財產，最好拋棄繼承，免得有一堆清算的事要做，做錯了還有賠償責任。

二、無法確定負債多還是資產多，只好限定繼承。

Part 3 ——幸福且快樂著

只是忘了

你只是選錯了一個記憶力不好的男人。

這是我第二次走進你們事務所了。

不知道……你們是怎麼看我的。像我這樣四十幾歲發現老公外遇的女性，你們應該一年至少要看十幾個，說不定更多吧！

聽說你們是專打離婚訴訟的律師事務所，可以告訴我，那些老公搞婚外情的其他老婆都是怎麼想的嗎？

憤怒？嫉妒？恥辱？傷心欲絕？還是不敢置信呢？

一開始的時候，我是拒絕相信的。

不過，在那之前，我們大概有將近兩年沒有做夫妻之間那檔事了。他比我大個幾歲，更接近五字頭，所以我以為那是自然而然的，夫妻間到了某個年紀，感情都是這樣昇華的。肉體上對彼此的需求，有一天就戛然而止，但靈魂上一樣是那麼的愛對方。

雖然，我對年輕時的那種熱烈纏綿似乎還有送不走的眷戀。我不會稱那叫性欲，充其量是一種——渴求一個男人對我的渴求。

但這不重要，生活中瑣碎而且更值得煩惱的事圍繞著我，我可以輕而易舉忽略這種跟人談起或許會貽笑大方的事。

我是怎麼發現的？

其實，如果可以，我希望他能隱藏得好好的，只要我不發現，一切傷害與改變就等於不存在。

可惜，「不擅矯飾」這點，他從年輕到初老倒是沒有改變。但，即使他演技卓越，大概也瞞不過我吧！

怎麼說？等你們的另一半外遇，你們就懂了。

別那樣看我，這事兒發生在誰身上沒個準頭。這世界唯一可以信任的，只有你自己而已。

不，或許連自己都不能信任。

抱歉，我又開始了吧！像個自怨自艾的妒婦。

可是，以前我和他就像你們一樣是朋友眼中的神仙眷侶，我們一起創業、一起經營公司，也一起吃過數不盡的苦。

你們一定也是。現實生活裡，豐碩的果實從來不會因為你坐在樹下，什麼都不做地過了二十年，它就自己掉下來。

我看得出你們對彼此的重要性，就跟我以為我和他之間永遠都不會失去的連繫一樣，但原來只是我自己的一場誤會。

過去的二十年來，不論他創業上遇到什麼挫折與困難，我總是支持著他。

我不是要說自己有多偉大。女人多數是這樣的，雖然不是全部，但傻的，已經夠多了。

起碼，對我們這類型的女人來說，「從一而終」算不上道德的束縛，我們就是以為下了決定選擇一個人，就代表從此該排除一切形而上的質疑，相信自己選的人就是世界上唯一對的人。

又扯遠了。對不起，每次來到你們這裡，我總是忍不住任思緒恣意飛揚。

上次我們說到哪裡呢？

對了，就是我在電腦裡發現了他和她的那些照片跟影片。上回拿來請你們看過，大律師還說，成立刑事妨害家庭罪是沒有問題的。

要不是臉都拍得清清楚楚，我還以為那只是他下載的成人影片！

記得上次大律師這麼告訴我：「刑事妨害家庭罪就是所謂的通姦罪，依刑法第二百三十九條的規定：『有配偶而與人通姦者，處一年以下有期徒刑。其相姦者亦同。』」

可是我說希望那對狗男女去坐牢，你們又告訴我不可能，因為妨害家庭罪通常都是幾個月有期徒刑，而且幾乎都可以易科罰金，罰起來也才十幾萬，頂多就是揹個不太名譽的通姦犯罪前科而已。要我考慮向他們請求民事上「侵害配偶權」的損害賠償。

我要那幾十萬或上百萬的賠償幹嘛？拚了一輩子，錢不都是我跟他賺來的嗎？至於那個女人，跟她要個幾十萬就了事？我又不是在賣丈夫。

唉！我知道向你們抱怨這些沒用，這是法制的問題，不是你們律師可以解決的。

回去之後，我還是去警局提告了，他們雙方當然就被警察個別傳去做筆錄。

那段日子真的很難熬，每天上班照樣跟他朝夕相處，處理公事，畢竟日子還是要過，錢還是要賺。他負責業務，我則是處理所有的訂單、會計、行政、人事方面的管理，一時之間，我們缺了誰都不行，只好每天依舊照表操課，在公司裡裝作什麼事都沒發生。

回到家裡，我還要煮飯給他吃嗎？

起碼，我自己是吃不下的。

他看我沒動作，也不想自討沒趣，於是，我們自然而然形成了彼此錯開下班時間，在外面解決完晚餐再回家的局面。

當然，絕對不可能再睡在同一張床上了。

我一直在想，這件事情代表的意義是什麼？

是我們走得太遠，已經沒有力氣一起走下去了嗎？是他遇到生命中另一個值得他付出感情的人嗎？或者，純粹就是貪戀新鮮感的一時歡愉？

只不過，答案從來不是答案，只是自己選擇接受的面向而已。

我們的案件從警察局移送到了檢察署，我生平第一次進法院，不，應該是檢察署。上次聽大律師解釋過，法院跟檢察署不一樣。如果案件被起訴了，才會送進法院交給法官來審理。

而也是生平第一次，我親眼見到了只在電視新聞上看過的檢察官。

偵查室比我想像的小一點，有個看起來像檢察官助理的人，快速地將檢察官對我們的問話打成筆錄，還有個立起的螢幕，讓我們同步檢查筆錄有沒有做錯。後來我才知道這個打字助理的職稱是書記官。

其實我們開庭的時間不長，畢竟證據擺在眼前，總不能睜著眼睛說瞎話。

檢察官簡單地問了被告對證據的意見，他們都搖搖頭。

「有和解的意願嗎？」這是我印象最深刻的一句話。

我不知道是什麼意思，不過後來，我們就被另外安排到調解委員會調解。

我最初到警察局提告的時候，其實只有想告她，畢竟夫妻那麼多年，又還住在一起，要跟他對簿公堂，還是需要考慮再三的。我知道這種告訴乃論罪有六個月的告訴期間，所以決定先把他的部分擱著。

但我不曉得在刑事訴訟法裡面有一條規定：「告訴乃論之罪，對於共犯之一人告訴或撤回告訴者，其效力及於其他共犯。」簡單說來就是不能只告她，就算只要告她，他還是會一同成為被告，進入刑事的偵查程序。

結果他還是成了被告。好像也算合理，畢竟這種事是一個巴掌拍不響的。

不過有趣的是，聽說同一條法條裡，特別規定了在所有的犯罪類型中，只有「通姦罪」可以只對共犯中的一人撤回告訴。立法的原意說是為顧及婚姻關係中之夫妻情義、家庭和諧，讓夫妻可以早日脫離訴訟關係，重修舊好，破鏡重圓，促使婚姻關係得以繼續延續。

你們知道、我知道，而他也知道。每個人都可以問律師嘛！

在調解的日子到來之前，我們之間的話更少了，一觸即發的戰爭似乎隨時要在我們之間展開。

我一直很想問他「為什麼」，話到唇邊卻從來沒有問出口過。我想，我那段時間食不下嚥瘦了三公斤，大概是因為胃裡都裝滿了問號吧！

「你想要離婚嗎？」沒想到他第一次主動跟我談，卻是這樣開始。

我想嗎？

坦白說，其實我不知道。

好像應該要想吧！

因為，真的很痛。

每個夜晚，我獨自一人睡在雙人床上，承受著像心臟被一掌揉碎的疼痛，無聲地流淚，灼熱的淚珠從臉頰滑落頸間，時間像有一世紀那麼長。

我好想要結束這種痛苦，那種躺在床上似乎好幾百年才睡得著的折磨。

拜託，我情願他一槍斃了我！

所以我簽字了，我自己動手一槍斃了我們的婚姻。我知道，這是結束痛苦最快的方式。

條件很優渥，我幾乎拿到了大部分的財產。公司留給他，我會慢慢試著抽手。

「你們會結婚嗎？」

簽完字，送走了二十四小時到府服務的職業證人之後，我問了一個幾乎快要沒什麼意義的問題。

都要離婚了，這不關我的事吧！況且，他會坦白告訴我嗎？在他隱瞞了我那麼多以後，這時的坦誠反而顯得荒謬可笑。

「她只是我跑業務時不小心發生的一段情。」

這我知道，他們在檢察官面前講得清清楚楚了，也就是那場凌遲讓我可以心甘情願地簽下去。

「我並不愛她。」

夠了，這樣就夠了，劇本的其他部分讓我自己編寫吧！一個對我傷害最小的版本。

隔了幾天，我們去戶政事務所登記，分開的時候，我對他嫣然一笑。他手上提著前一晚打包好的簡單行李，帶著苦笑無奈地對我揮揮手。

然後，我一個人到了新北地方法院檢察署，就如同我跟他說好的，先單獨撤回了對他的告訴。程序很簡單，買張空白的刑事撤回告訴狀，資料填一填，幾句話，我撤回了對他的一切控訴，只留下一個敵人。那個收狀的櫃檯人員蓋好了收文章，頭抬都沒抬過。

——我看到你們的表情變化了。

沒錯，你們肯定發現我這步棋走錯了——就是那個刑事訴訟法弔詭的規定：

「對於『配偶』撤回告訴者，其效力不及於相姦人。」

這難道不是陷阱嗎？

對於「配偶」。對於「配偶」。對於「配偶」。

因為很怨懟，所以說三次。

他、不是、我、的、配、偶、了。

沒錯，大律師，因為不是配偶，所以我撤回對「他」的告訴，就等於一同撤回了對「她」的告訴。

而且無可挽回，我不能再對他們提告了，喪失了那個在她額頭上刻上「蕩婦」的權利！

「如果雙方婚姻關係已經消滅，夫妻情義已逝，自無延續婚姻關係之目的可言，該條但書規定關於『配偶』之文義解釋，就不能作擴張至『前配偶』之身分。於此情形，對『前配偶』撤回告訴者，自不合於此例外規定之條件，即仍適用撤回不可分之原則規定。也就是說，對『前配偶』撤回告訴者，應回歸刑事訴訟法第二百三十九條規定前段，其效力及於必要共犯之相姦人。」

謝謝大律師，你講的我都知道，不起訴處分書上也寫得清清楚楚了。

我不曉得自己是不是中招了。在和他簽署離婚協議書的那天，我就已經告訴他我會單獨撤回對他的告訴，一直到離婚登記之前，有好幾天的時間。他有去問過律師嗎？他知道我即將全盤皆輸嗎？

「你還是可以對她提出民事上的精神賠償。妨害家庭罪只會易科罰金，其實對你沒有什麼實質上的好處。」

律師娘，聽聽你說的話，多輕鬆啊！你年輕貌美，你了解我們年老色衰、對老公沒有任何女性魅力的心情嗎？我有多嫉妒她的致命吸引力，你懂嗎？

「每個人的年輕貌美，終有一天都要成為過去式。人的一生怎麼可能都不會出現誘惑呢？我也是，他也是。」

是嗎？

大律師看起來不置可否。這一刻，不是男人該介入的，他的確聰明。

「要不要拴緊褲頭，就看念不念彼此的恩情。你不是輸在年華老去，是輸在選錯了一個記憶力不好的男人。還有，我大概離年輕貌美也有段距離了。」

我微笑了，「不是輸在年華老去，是輸在選錯了一個記憶力不好的男人」，很有趣的觀點，或許，有一點點療傷的效果吧！

律師娘，我喜歡你，不過，似乎不適合跟你說再見。

希望你的男人有超強的記憶力。

【法律悄悄話】

⊙一旦撤回「妨害家庭罪」的告訴，還能二次提告嗎？

妨害家庭罪中之通姦罪是屬於「告訴乃論」之罪，依刑事訴訟法第二百三十八條之規定：

「告訴乃論之罪，告訴人於第一審辯論終結前，得撤回其告訴。撤回告訴之人，不得再行告訴。」

也就是說，一旦撤回了就不得再提告。

甚至依刑法第二百四十五條第二項之規定：

「第二百三十九條之罪（即通姦罪）配偶縱容或宥恕者，不得告訴。」

此舉也會一併影響到對第三者的告訴權，千萬要注意喔！

從前，有一個公主

王子與公主結婚後，上演的其實是家庭寫實小說。

律師娘，你會看不起放棄小孩監護權的母親嗎？

當然，我相信你不會。

不管別人是否因此輕視我，我都不會後悔當年的決定。如果不是過去幾年來的蟄伏，我今天不會有這樣的勇氣，演出離婚後的公主復仇記。

很諷刺吧！王子與公主結婚後的續集，並不是童話故事，而是公主拿起寶劍和王子對戰的寫實小說。而逼走公主的不是後母，竟是王子的母后，最令人難過的是，王子並沒有做到他所承諾的那句話——永遠做公主的盾牌。

不過，我先告訴你，我依然相信「從此過著幸福快樂的日子」的可能，只不過那會是我跟另外一個王子的故事，在我爭取到小公主和小王子的監護權以後。

故事要從王子與公主結婚以後，不知為什麼理所當然地要住在王子長大的城堡裡開始說起。

當然，城堡既然是母后和國王胼手胝足共同建立的，即使國王早就不在了，在大家心目中，繼承城堡的也應該是母后而不是王子。於是對母后來說，這就是她的地盤、她的領土，王子是她生的當然歸她管，小王子跟小公主是王子生的，理論上也應該歸她管。

至於公主……沒道理、沒依據，但還是歸她管。

印象中的公主似乎不需要工作，只要負責找到有錢的王子，就可以幸福快樂一輩子。我大概傻了，把童話故事當真，一結婚就聽了他的話把工作辭掉，認真地生小孩、帶小孩，再生小孩、再帶小孩。他們說城堡這麼大，不差我一碗飯，我的使命是

——拿我的人生交換孩子的人生。

於是，我夜裡睡得好不好不重要，重要的是孩子不能哭了沒人抱；於是，我白天有沒有累著不重要，重要的是孩子不能晚喝一頓奶、少吃幾口飯。

沒有人想過，孩子是我生的，不可能有人比我更在乎，但我在城堡裡就像是一個透明的保母，實際存在，卻沒有人看在眼裡。

「對你來說，我到底是什麼？孩子的母親，還是你的妻子？」

我不知道是不是每個公主在嫁給王子後都問過這句話，但我用各種不同的方式問了至少上百次，他的答案始終如一。

「無聊。」

我不懂，如果他只是想找個傳宗接代的女人，當初為什麼要那麼費力地擊退眾多王子，把我帶走？我相信一定有不少只要能永遠住在豪華城堡裡，不用餵她愛也逆來順受的女孩願意幫他生一堆小王子。他不用找我這種從小就被愛餵得飽飽的公主，整天跟他吵著要糖吃。

「我想出去工作。」

「不行。」

「為什麼？」

「你的工作就是把小孩帶好，等小孩長大，你想做什麼再去做。」

「到那時候，我可能不是想做什麼就能做什麼了。要闖，就要趁現在年輕出去闖。」

「不行，除非我們離婚！」

那一次的爭執讓我第一次驚覺到，原來王子與公主是有可能分開的。這是我從來沒有想過的命題，居然那麼輕易地從他口中聽到。

其實，我本來也可以只當個在王子身旁，抱著小王子跟小公主的女人就好。我原以為這是城堡裡最神聖的工作。但後來我才發現，神聖的只有小王子和小公主，至於照顧者是誰，他們一點也不在乎。我不做，他們會找別人來做，我可別以為自己有多不可取代。

雖然這個邏輯我很快就懂了，但直到那一天才讓我下定決心，知道自己非走不可。

——王子在母后打了公主一巴掌之後，居然什麼也沒做！

那一刻我才相信，王子和公主的童話早已結束在結婚那一天，我卻花了好幾年才願意面對。

我離開的時候，孩子們還小。

我知道是自己先放棄了當母親的權利，但人生有時候就是得做出選擇，我得先站穩，才有力量帶走他們，雖然我心裡清楚一旦那樣放手，未來再回頭爭取的困難度或許會加倍，就因為所謂的「原照顧者繼續原則」、「最小變動原則」。

即使我自認為比王子和他的母后還懂愛。

在那幾年間，我幾乎沒有喘息過，同事們都不懂我單身一個人這麼拚是為了什麼。只有我知道，我想在自己即將來臨的四十歲生日前，送給自己一份最棒的生日禮物——重新當一個母親。

當年急著要遠離城堡，我接受了他們開出的條件：讓出監護權，只留下一個月一次的探視。換來的是快如閃電地辦妥了離婚手續及金錢上的喘息，不用負扶養費。

「其實，你可以依民法第一〇五二條第二項第四款：『夫妻一方之直系親屬對他方為虐待，致不堪為共同生活』為理由，請求判決離婚，一併請求精神賠償、剩餘財產差額分配、扶養費及監護權的裁定。不用那樣說走就走的。」

可是律師，就算當年我懂得這點，也不曉得自己到底會選擇怎麼做。人在痛苦的折磨下，往往會失去理性，當年我只想離開那座拘禁我的城堡，多一秒都待不下去了！

原本我不知道自己放棄了什麼，直到遇見了另一個王子，我又有機會重新開始另一段童話，然而，前一個王子卻不願意看見我擁有新的幸福。

他竟然這麼告訴我的孩子們：

「媽媽是因為喜歡別的叔叔，才離開你們的。」事實是，我在離婚三年後才認識了新王子。

「媽媽不願意支付任何一毛錢養你們。」事實是，說好了監護權歸他們，扶養費他們也不想要。

「媽媽不想回來看你們。」事實是，每次說好的探視時間到了，他們總愛找藉口說不方便。

我知道可以向法院聲請裁定與未成年子女的會面交往方式，如果他們不遵守，我可以聲請強制執行，請法院課以怠金，但我不認為他們會在乎這麼一點錢。直到來找你們，聽了律師這段話：

「夫妻離婚後，法院酌定未成年子女權利義務之行使或負擔，也就是監護權時，應審酌父母之一方是否有妨礙他方對未成年子女權利義務行使負擔之行為，這是所謂的『善意父母原則』。有監護權的一方如果阻礙他方的探視，甚至教導未成年子女敵視他方，都可能構成被改定監護權的事由。」

所以，我選擇等待時機成熟。

我要的不是探視，是「監護權」——這個新版童話故事的結局是我選擇了絕地大反攻，讓他們回到了我身邊。

這就是公主復仇記的故事了。

「那續集呢？公主復仇了以後，故事要怎麼寫下去呢？」

律師娘，如果是你，你會怎麼寫故事呢？

「讓孩子決定你的故事吧！孩子的天真善良，或許可以讓你重新相信童話，也或許，有機會讓王子學會當真正的王子。人間，總不缺希望和愛嘛！」

【法律悄悄話】

⊙為什麼會有「善意父母原則」？

有鑑於父母親在親權酌定事件中，往往扮演互相爭奪之角色，因而有時會以不當之爭取行為（例如：於訴訟前或訴訟中隱匿子女、將子女拐帶出國、不告知未成年子女所在等行為），獲得與子女共同相處之機會，以符合所謂繼續性原則，因此於民國一〇二年十一月二十二日，民法第一〇五五條之一增列了「父母之一方是否有妨礙他方對未成年子女權利義務行使負擔之行為」，譬如妨礙探視或教導子女敵視他方，供法院審酌評估父母何方較為善意，以作為親權所屬的判斷依據。

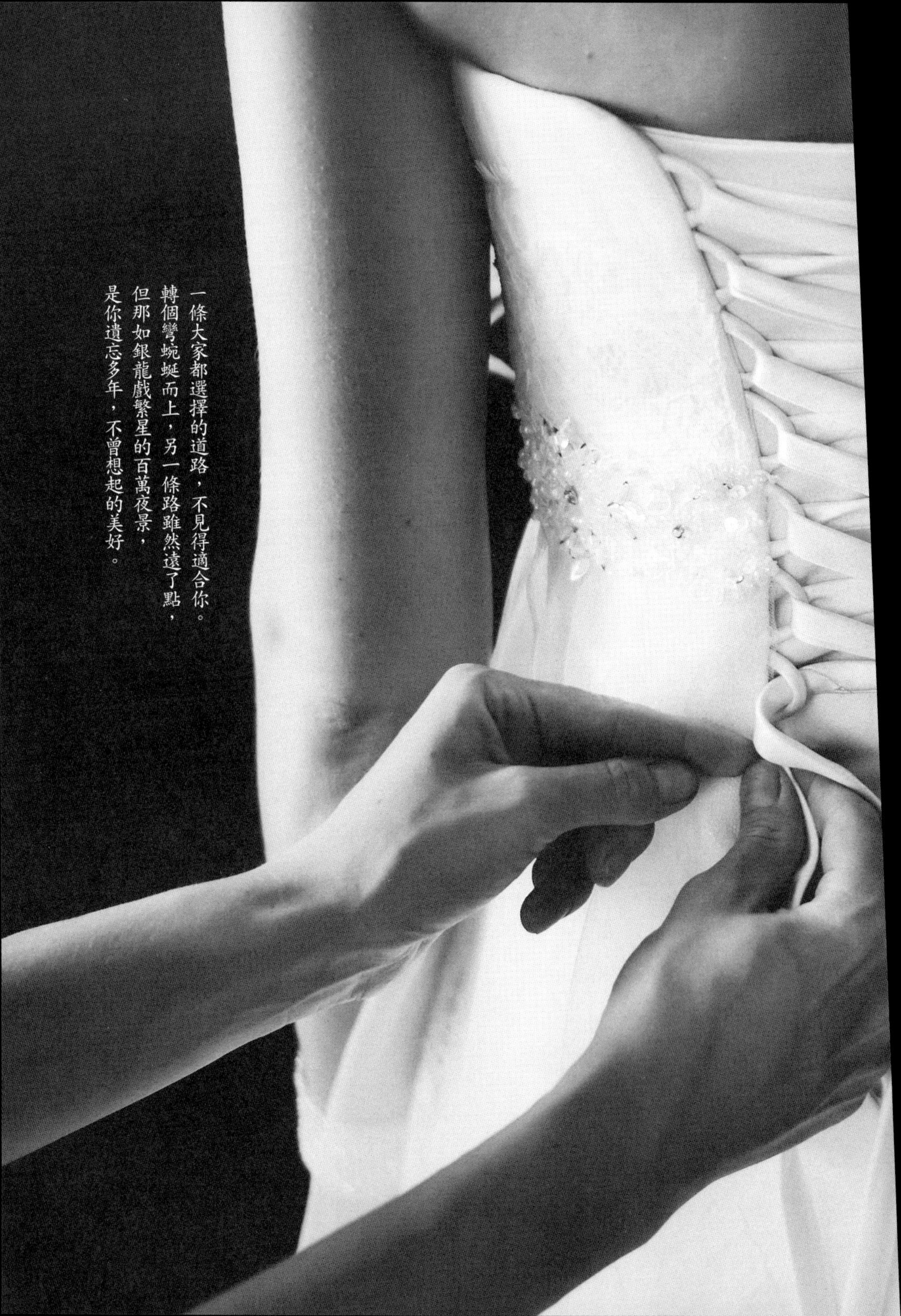

一條大家都選擇的道路，不見得適合你。
轉個彎蜿蜒而上，另一條路雖然遠了點，
但那如銀龍戲繁星的百萬夜景，
是你遺忘多年，不曾想起的美好。

保存期限

相信愛，它就不會結束。

律師娘，你相信愛情有保證書嗎？告訴你，我可是不相信的。

那婚姻呢？有的，告訴你，我就有一紙婚姻的保證書，不保鮮，但保平安！

哈！你們從事這行，應該很懂我在說什麼吧！沒錯，就是「婚姻契約」。

剛結婚的時候，我也不知道有這種東西，倒是聽過婚前協議，聽說很多好萊塢的大明星為了怕離婚時被對方分走一大筆財產，都會先簽好婚前協議，把願意給的先說好，其他的就請對方放棄，真的很理性。

像我，結婚的當下被「一生一世」給沖昏頭了，哪還想得到這麼多？我只記得那時，為了鑽戒要不要買名牌的、婚紗要不要找名人代言的、宴客廳應不應該訂有附主持人的種種「大事」，都快煩不完了，怎麼可能想到簽訂婚前協議那種破壞浪漫的事。

不過，要是再讓我結一次婚……嘿！別這麼瞪大眼睛看著我，我已經四十一歲了，一點也不介意這樣給自己觸霉頭，倒是覺得甩了那個風流鬼以後，假如還有機會遇到我的下一春（村？），其實是件值得驕傲的事。

扯遠了，讓我話說從頭吧！

第一次發現他有外遇的時候，我快氣瘋了！

老娘這樣盡心盡力地幫他做牛做馬，把自己搞得像黃臉婆，為了符合他母親的期望，結婚五年就生了三個孩子，身材愈來愈像熟透的西洋梨，再怎麼漂亮的衣服穿在身上也還是像個歐巴桑。不要說保養了，連頭髮都沒時間剪，隨手用橡皮筋這麼一紮，劉海也是自己拿著剪刀照鏡子修一修，撐著就半年了。沒辦法，家裡只有他一個人在賺錢，什麼事都得精打細算。反正在家裡帶孩子也用不著怎麼打扮，我以為只要把孩子照顧好、家事打理好，怎麼樣也都是個七、八十分的老婆。

哪知道，原來男人根本就不要這樣的女人！應該說，男人要女人不只是做到這樣就好。豈止要入得了廚房、上得了廳堂，還得要賺得像銀行、進得了臥房。

那個女人就是這樣。從他們的通訊紀錄裡，我幾乎等於參與了他們整個交往過程。除了沒幫他生個孩子，上面四檔事，她全都拿了一百分。

「下班來我家，我煮你最愛的紅酒燉牛膝給你吃。」

「我閨蜜都說我們好配，只可惜太晚相遇。」

「我老闆又給我加薪了，晚上請你吃飯。」

「我不管，你今晚一定得陪我，不准回去。」

要不是我學會了怎麼破解手機的密碼，真不曉得要被他矇騙到何時。

是啊，律師，我也知道這可能會觸犯妨害秘密罪，我不在乎，我只想看他怎麼善後。

三個孩子都還小，要是我一走了之，他跟那個女人還能繼續上演相見恨晚的戲碼嗎？

結果我賭對了，他選擇放手，她也是。我猜想我占的這個缺額並不是那麼熱門。

不過，我怎麼能輕易放過他呢？

我讓他簽了保證書，就是這紙婚姻契約。或許我們的愛情無法保固，但最起碼我建立了遊戲規則，違反了，他就得付出代價。

立約人為保證永遠愛妻愛家，同意條款如下：

一、本人的薪水、收入扣除每月新臺幣壹萬元後，全數交給妻子使用保管，如妻子用於家庭費用後有剩餘，皆贈與妻子歸妻子所有。

二、本人答應對妻子坦白誠實，絕不會有任何欺瞞行為。今後如有：

◎夜間未歸，應賠償妻子每次一萬元。

◎和異性不當肢體接觸，包含但不限於牽手、親吻、擁抱、性行為等，每次應賠償妻子二百萬元。

三、如經妻子發現外遇，同意無條件離婚，並放棄子女之監護權，且每月須給付妻子六萬元之贍養費。

四、為維持家庭美滿，避免在外與女子有不當往來，每月至少與妻子行房二次。

我原本心想，應該很合情合理吧！這些基本服務都做不到，他憑什麼為人夫、為人父呢？結果才不到一年，他除了第一項，其他樣樣都犯規了。

發現不對勁時，我並沒有打草驚蛇。聽他說要去南部出差的時候，我知道機會來了，把孩子放到娘家後就戴上棒球帽和墨鏡，租了輛車尾隨著他。當我拍下他們進汽車旅館的照片時，早忘了第一次的心碎與歇斯底里——不就是慣犯嗎？不值得我掉眼淚，我只要拿到自己應得的！

「這就是你說的婚姻契約？」

沒錯，律師。我就是要用這份契約向他求償！

「我能理解你的怨怒，可是在法律上，不是一定能完全成立。民法第七十一條前段規定：『法律行為，違反強制或禁止之規定者，無效。』民法第七十二條規定：『法律行為，有背於公共秩序或善良風俗者，無效。』民法第七十三條前段規定：『法律行為，不依法定方式者，無效。』民法第二百二十七條之二第一項規定：『契約成立後，情事變更，非當時所得預料，而依其原有效果顯失公平者，當事人得聲請法院增、減其給付或變更其他原有之效果。』」

你的意思是說，訂好的契約條款是有可能無效的囉？

可是律師，不是說「契約自由原則」嗎？難道婚姻契約就不適用了嗎？

「應該說你的這份『婚姻契約』內容不是完全有效。首先，關於侵害配偶權行為損害賠償的預先約定是可以的，只是金額可能會被法官調整，不過，至少會比你沒有簽立婚姻協議任由法官判來得高。」

真的嗎？太好了！

「至於離婚的部分，如果他不願意跟你一起協同辦理離婚登記，還是要回歸民法第一〇五二條有關離婚事由的規定，由法官審酌，不是一定會判離婚，但以你所拍到對方跟女子進出汽車旅館的照片當證據，機會應該是非常大的。

「而子女的監護權，則要依民法第一〇五五條之一的規定，由法官依子女的最佳利益裁定，不會因為外遇或你們的婚姻協議而直接歸你所有。」

什麼？

「最後，行房次數這件事，法院無法強制執行，是無效的。」

拜託！我連身上一平方公分的面積都不想再被他碰到。

只是我現在很後悔，聽說無償贈與的財產都不列入剩餘財產差額分配的範圍，對嗎？早知道，當初應該趁他還有悔意時，狠下心要求他把身家都贈與過戶給我，讓他犯了錯就淨身出戶。

「所以，下次……你想訂個更完美的婚姻契約嗎？」

或許吧，律師娘。如果讓我再結一次婚，我一定會簽一份超完美的婚前協議。人家說上一次當，學一次乖。我說呢，結一次婚，學一堂課：人，要先懂得保護自己，才能在安全感的庇護下，好好地跟別人相處。

但是，律師娘，我總覺得你欲言又止。你該不會覺得婚姻不是交易，不該由契約來約束吧？

「無論訂不訂契約或協議，重要的是你心裡怎麼想。兩個人在一起，裝傻不見得是好事，然而，學聰明一點肯定不是壞事。被背叛並不是末日，若你不願再相信愛，才是真正的結束。整裝待發，在尋愛的路途上隨時有準備，你就能學會不讓自己遍體鱗傷。」

【法律悄悄話】

⊙婚前協議（婚姻協議）可以訂些什麼內容？不能訂些什麼內容呢？

「一、如果一方有辱罵他方、不孝順公婆或……等等行為，同意雙方協議離婚，絕無異議。」——這一點在法律上的意義不大，即使一方真的違反了婚前協議所約束的行為，而不願與他方到戶政事務所辦理離婚，仍然需要透過訴訟，依法定的離婚原因來判決離婚，與婚前協議無關。

「二、一方如果外遇，自願放棄小孩的監護權。」——這也是在婚前協議中常見的條款。然而事實上在離婚時，小孩的監護權仍然需要依照小孩的利益由法院做裁定，無法依照婚前協議來裁定小孩的監護權歸屬。

「三、一個月要行房幾次。」——這部分由於是無法強制履行的事項，如果約定在婚前協議裡，一樣是無效的。

看完前三項，有人會問，那婚前協議到底可以約定些什麼呢？其實有一些約定還滿實用的喔！

一、約定如果外遇，要給付一百萬元的精神賠償。可以。不過建議何謂外遇要寫得更清楚一點。

二、約定夫妻雙方的住所，可以。

三、約定夫妻財產制，可以。

四、約定家庭生活費用的負擔，可以。

五、約定一定的生活零用金（自由處分金），可以。

六、約定雙方應互相贈與的物品，可以。

單身的進擊

人生，正是一連串的選擇。

女人一定要結婚才會幸福嗎？我可不這麼認為！

律師娘，你應該也有這種感觸吧！雖然你比我年輕，但待在律師老公身邊，我想你也看過不少案例了，到底是幸福的婚姻比較多，還是不幸的婚姻比較多，你心裡有數。當然，沒離婚的人一定比離婚的多，可是沒離婚的人，他們在婚姻裡面真的快樂嗎？

對，我是沒結過婚，我的看法參考性當然令人質疑。但是我有親人、有姊妹淘啊，我看多了！所以「單身」是我深思熟慮以後的選擇。

讓我來說說自己的理由吧……

年輕的時候，我當然也嚮往過一個對的人、一段完美無缺的婚姻生活，也相信以自己的條件絕不缺前仆後繼的慕名者。我認真交往過一些男人，在我那個年代，這可不是個政治正確的做法，我的母親一直對這點頗有微詞。

「你為什麼不跟一個人好好交往下去呢？那些男人都很不錯啊！」

我來告訴你，我母親的「不錯」是怎麼一回事。聽聽以前她跟我那個鬧離婚的小阿姨的對話。

「你老公有打你嗎？」

「沒有！他哪敢！」

「有跟你拿錢花嗎？」

「我都沒跟他要錢了，他還好意思花我的錢？小孩的學費都是我在出的耶！」

「他每天晚上都有回家睡覺嗎？」

「不回家睡覺，他要睡哪裡啊？」

「那很好了，你為什麼要離婚？」

這就是我的母親，一個婚姻也能過得很阿Q的女人。

那她自己的婚姻呢？

我的父親不算好相處，但那個年代的大男人主義說不上是個缺點，或許還被當作權威的象徵。就像母親說的：他不打老婆，他認真工作賺錢，我也沒聽過他有什麼風流韻事。但是，我也說不出其他的優點了，因為除了這些，我想不起他為家庭做了些什麼。

我很少聽我父親說話，他在家裡是沒有聲音的，彷彿話都在他的朋友面前說完了。

律師娘，你猜對了，他就是那種把朋友擺在妻兒前面的男人，像是拒絕了朋友的任何一次邀約都是人生的遺憾，我卻從未在自己生命中的任何重要場合見過他，包括我以為他絕不會缺席的我的最高學府畢業典禮。我甚至不確定，如果他還在世的話，而我不湊巧還擁有一場婚禮，他會不會是席上嘉賓。

對我們三兄妹來說，與其說他是父親，更像是提供三個單親孩子金援的長腿叔叔。

我不想不知感恩地抱怨，不過，即使在那個年代，我也不認為這樣的父親就稱得上及格。

可是，我母親居然從未有過離棄婚姻的念頭，至少，我從未聽過她嫌棄這個送給我，我都不想要的婚姻。

她心甘情願地熬過了大半輩子，連送別我病故的父親時，她都好好地哭了一場。

大概是認真了那麼多年吧！六十五歲的時候，她病倒了，那一年我四十歲，也是當時我心底那個聲音告訴我，該想想如果就此單身下去，我的未來與母親的未來是不是乾脆就此重疊在一起。

其實我的母親和大哥很寵我，所以對我來說，就算缺了父愛，我還是有很長一段值得懷念的年少時光。但或許也是這個原因，我再也找不到會把我當女兒及妹妹一樣保護的男人，他們都會說愛我，可是我知道他們並不會疼我。

他們愛我的慧黠，但不想接受我偶爾銳利的言論。

他們愛我的美麗，但希望我能時時保持完美的妝容。

他們愛我的知性，但總叫我改掉吵架時咄咄逼人的頂嘴。

他們愛我的理性，但卻總不耐煩我追根究柢的質問。

為什麼他們不能愛我，只因為我是我？

其實無所謂，找不到跟我家人一樣愛我的男人，那我情願沒有。我不要妥協，也不想將就。

於是當母親病倒的時候，我自願扛下了這個任務，陪伴一個雖然被診斷會逐漸失智，但偶爾會抱我、親我，說我永遠是她的寶貝的老人。

我之前有沒有說過？當年父親走的時候，我順從了母親的意思，同意把父親留下的那棟，我們全家生活了三十幾年的房子登記到大哥名下。

我知道女兒也有繼承權，但那個年代，你不會為此發聲，即使是對什麼都要爭一個理的我。我唯一的條件是大哥得簽下協議書，同意讓母親一直居住到過世為止，這很合理吧！

不過，你們應該也聽過太多類似的家庭故事了：兒子在婚前跟你是一家人；結婚後，跟媳婦才是一家人。

沒錯，我只記得守護母親，卻忘了保護自己。

一個意見太多的小姑，似乎就跟放了三天沒冰的魚一樣讓人嫌惡。

「你要不要考慮自己去外面找房子住？」

這是大哥在我跟大嫂幾番起爭執之後，對我說的話。

「這房子是爸爸留下的，你憑什麼趕我走？」

「難道你嫁不出去，就要在家裡住一輩子嗎？」

嫁不出去？沒想到大哥跟那些不懂我的人砲口一致！我這才發覺，我一直以為永遠親密不可分的「家人」情感開始崩落了。

「我不希罕跟你們住在一起，但我有責任要照顧媽媽。」

「媽媽由我們來照顧。你遲早得搬出去，不要逼我們走法律途徑，這是我們的房子，我們有權利決定要讓誰住。」

這是從什麼時候開始的呢？大哥口中的「我們」，什麼時候已經剔除了我？

根據那份協議書，母親有權利住到過世為止，但不包括我，就跟大哥說的「我們」範圍一致。

我不是不能接受這樣的結果，但我不敢想像想把妹妹趕走的兄嫂，又將怎麼對待我的母親？於是我靜觀其變，期盼著鬩牆的戲碼不會在我們家上演——直到那張遷讓房屋的開庭通知書，讓我死了心。

調解時，大哥派他委任的律師來傳達拒絕和解的答覆，也讓我知道他鐵了心。

「這種故事很常見。」

大律師，你講得太輕鬆了。也對，你是男人，不會了解一個做妹妹的、做女兒的心痛吧！這世上，會心軟的永遠都是女人，說放下的永遠都是男人，這是我不願陷入愛裡的原因。

「我懂。」

真的嗎？律師娘。

「你開始領會到你不再是備受寵愛的女孩，該做一個獨立自主的女人了。」

是！我以為只有嫁出去的女兒才會跟原生家庭斷了臍帶，原來「嫁不出去」的也會。大律師，你有個善解人心的妻子。

「撇開感性，從法律角度來看的話，經占有人指示而隨同的占有輔助人，屬於合法占有。你可以試試看這樣主張，拒絕搬出去。」

律師，你的意思是……

「也就是說，你的母親本於協議書有合法占有的權利，而你是受她指示照顧她的人，也同樣具有合法占有的權利。」

果然，在這場戰爭裡，律師的理性還是最管用。

怎麼了？律師娘，你那樣對著我眨眼讓我突然有點心虛……

好吧，我承認自己太依賴那個家了。說是在照顧母親，但我其實一直沒長大。「嫁不出去」，並不是沒有人願意娶我，而是我自己始終沒有準備好當個出嫁高飛的獨立人妻。

律師娘，你比我年輕一些些，如果我四十歲之前就遇見你的眨眼，事情會不一樣嗎？

「人生是一連串的選擇，每個選擇都是因為你當時的歷練、性格而不自覺轉化出來的。不用後悔，不必遺憾，因為下一次，你會知道怎麼做能讓自己過得更幸福、更快樂。」

【法律悄悄話】

⊙父母贈與給小孩的房子，可以反悔要回來嗎？

依民法第四百一十六條規定：

「受贈人對於贈與人，有左列情事之一者，贈與人得撤銷其贈與：

一、對於贈與人、其配偶、直系血親、三親等內旁系血親或二親等內姻親，有故意侵害之行為，依刑法有處罰之明文者。

二、對於贈與人有扶養義務而不履行者。

前項撤銷權，自贈與人知有撤銷原因之時起，一年內不行使而消滅。贈與人對於受贈人已為宥恕之表示者，亦同。」

這也是所謂的「不孝條款」。

誤會一場

女人！自信能讓你更美麗。

律師娘，你應該也覺得我情有可原吧！不是說「法律不外乎人情」嗎？一開始，我真的沒想到情況會變得這麼嚴重，當然也不知道這樣一時情急的舉動是犯法的。你可以請律師救救我嗎？

其實，我並不是對自己沒自信。活了四十二個年頭，我從來也沒對自己的身體有什麼地方不滿意過。

二十幾歲就結婚，老公多金又相貌堂堂，在朋友看來都覺得我風風光光的，我也曉得自己命好。如果不是這大半年跟他之間……不太順利的話，我幹嘛給自己找罪受呢？

啊？哪裡不太順利？

嗯……就是「那方面」嘛！

我的老公這大半年突然不太碰我，關於房門內那件事的次數，我用一隻手就數得出來，這……應該不太正常吧！他也才四十幾歲，不是正值壯年嗎？聽說很多六十幾歲的老翁都還在搞外遇，所以應該不是他生理上有問題。而且我看他每次上網，畫面還是常常停留在那些大胸正妹的照片，可見他不是沒興趣，只是「對我」沒興趣。為什麼呢？難道我真的老了嗎？

我也想過他是不是外面有女人了，不過，他每天都正常上下班，到家的時間二十年如一日，也不愛在外面鬼混。我常常趁他洗澡的時候檢查他的手機，也沒有異樣，通話紀錄、簡訊和社交軟體訊息都沒有什麼可以挑剔的。

那他到底為什麼不碰我？

律師娘，你可別把我想成什麼狼虎之年的德性。女人嘛！你也差我沒幾歲，你應該懂的，雖然都結婚那麼多年，孩子也大了，可是，女人總還是希望被當成女人，就算不那個，他總能抱抱我、親親我吧！我們畢竟還是夫妻啊！

我是試過其他的方式啦，像是性感內衣，那個什麼秘密的一套就貴得不得了，我也牙一咬花下去。還約他一起出國旅遊，心想孩子請我媽幫忙帶一下，就我們過過幾天小倆口的生活，或許可以找回一些新婚時的甜蜜，只是，說了他也提不起勁。

我還把婚姻諮商的書都看遍了，教的不外乎就是那幾招，管看不管用，結果過了好幾個月後，我還是搞不清楚他在想什麼。

有一次我乾脆豁出去了，洗完澡後，直接裸身上床摟著他，但他居然翻個身就開始打呼。誰曉得他是真睡還是假睡呀！

也就是在那晚，我悶著一肚子氣上網閒逛時，看到了那個廣告：

「喚回你青春的秘密，找回你自信的秘境。」

我的確被吸引住了，隔天就試探他。

「男人是不是都喜歡大胸部的女生啊？」

「大概吧！」

斜坐在沙發上的他打了個呵欠，繼續拿著遙控器轉台，畫面又是停在那些青春無敵的韓國女星，他已經好久好久沒把視線放在我身上了。沒辦法，誰教我就是個名副其實的黃臉婆。

「你也是嗎？」我趁其不備地進攻。

「是什麼？」

「喜歡大胸部的女生啊！」

「不錯啊。」

我就知道！

我考慮了好幾天，最後告訴自己情願後悔，也不要遺憾。就算老公不喜歡，我自己看了賞心悅目也好，而且哪個男人不喜歡自己的老婆身材姣好，帶出去有面子。這種事大明星都在做，沒什麼大不了的。

那天走進診所的時候，我刻意戴了特大的太陽眼鏡和足以蓋住整張臉的帽子，就怕不小心碰到了熟人。

為什麼要怕？那還用說，當然不能讓我老公知道啊！

那家醫美診所站櫃檯的小姐長得可真漂亮，那種鼻子絕對不可能是天生的。她低下頭整理資料的時候，露出像馬里亞納海溝那麼深的事業線。哇！這個根本就是活招牌嘛！哪個女人看了不會動心？

我只要調整一點點就好，看不太出來的一點點，只要我不說，以一個結婚二十年的丈夫對老婆的關注度，他應該不會發現我改變什麼的。但或許會在不知不覺中感到我的魅力多了一點點……這種想法應該不難理解吧！

真的很倒霉，那一天，他居然難得勤勞地整理了平常都是我在處理的郵件，所以才發現了那家醫美診所的信用卡帳單。

後來想想其實也沒什麼，發現就發現，乾脆承認唄，我是在心虛什麼啊？又不是什麼偷雞摸狗的事。但當時我竟然嚇得裝作一頭霧水，還笨到說可能是被盜刷了，更傻傻地任他帶我去報案。

本來以為等過一陣子查不到犯人，再跟銀行和警察說是自己記錯了，一切就會沒事。怎知，正當我還陶醉在老公察覺我怎麼「豐滿了一點」的得意洋洋中，卻收到了刑事誣告罪的被告傳票，我才明白自己做了什麼蠢事。

原來沒指定犯人，也可以成立誣告罪？

我覺得自己的罪名應該是太愛丈夫吧。律師娘，你應該懂的。

「在我看來，你其實是犯了全世界家庭主婦都會犯的錯……」

真是如此嗎？這一切都起因於我對自己沒有自信？

「不然你為什麼不找你老公溝通？你真確定這檔事跟那檔事有關嗎？另外，我還有一件事很好奇，到底後來……」

律師娘，你想這種事能溝通嗎？等你遇到了你就懂，不要說你不會有那一天。

至於「次數」後來到底有沒有多一點……

喂，這不在案情討論的範圍內吧！

【法律悄悄話】

⊙沒指定提告對象，誣告罪如何能成立呢？

依刑法第一百七十一條規定，未指定犯人，而向該管公務員誣告犯罪者，處一年以下有期徒刑、拘役或三百元以下罰金。未指定犯人，而偽造、變造犯罪證據，或使用偽造、變造之犯罪證據，致開始刑事訴訟程序者，亦同。

因此，並非沒指定特定犯人就不會成立誣告罪喔！

有些人，你抓住了，不一定留得住，
留住了不見得到永遠，到永遠不一定會快樂。
人生不要太執著，該你的自然是你的，
不該你的，留了也沒用。
跳出荊棘叢，不要再任憑自己受傷下去。

回憶的抽屜

在這裡面存放的，是讓你自己不被遺忘的價值。

當年，他傾盡所有積蓄買下了一只婚戒。

那只樸拙無雕飾的金戒指，細細亮亮的一圈，圈住了我當時還白皙光滑的無名指，也圈住了我的金色年華。

最近我偶爾會想，那時候我是不是應該聽父母的話選擇另外一個他？不過，另一個他也可能會帶來另一種失望吧！

將近二十年的歲月不算短，但我清楚記得跟他一起經歷的每一件美麗與哀愁：第一次創業，新辦公室的落成茶會；第一次被銀行追著軋三點半；第一次拿到足以餵飽我們一年的訂單；第一次被客戶倒帳，面臨公司解散的危機……過去的一幕幕像是舊時代的電影，在我面前慢速播放著。

發生過的並不會消逝，只是轉化成為別的形態，就像雪化成水回到了天上，即使你看不見或甚至不承認，都無法改變它存在的事實——

「什麼樣的事實？」

就是我跟他之間連結的每一刻啊！律師娘。

為我套上戒指的那一刻；一起去辦理結婚登記的那一刻；我在產房內筋疲力盡，他在產房外抱著初見人世的大女兒的那一刻；看見小兒子在畢業典禮上領獎的那一刻；牽手走進我們第一間新居的那一刻……

那些感動，即使他說他忘了，但我相信確確實實還是存在他記憶裡的某個儲藏櫃中，只是他選擇了不打開。

然而，再怎麼鎖著閉著，回憶就會消失嗎？不會的。回憶沒有保存期限，只是不再被擁抱而已。

我呢？和他之間的每一件回憶，我都分門別類摺得整整齊齊，一拉開抽屜，就全部清清楚楚地羅列在眼前。

我想，或許這就是男人跟女人的差別吧！男人忘記想忘的，女人記得想記的，而很多時候居然重合在一起，於是我們會以為是誰弄錯了。其實誰都沒錯，而是有一方變了。

「那不一定，通常我們家先忘的是我太太。」

哈！那律師娘很幸運，通常記憶力不好的人比較快樂，痛楚也會少幾分。

可惜我沒這麼幸運，大律師。

我記得很清楚，我和他沒有舉行過婚禮，這是在我爸媽跟我說要嫁就自己負責，婚禮不用找他們主持之後，我和他共同做出的浪漫決定。

「可是，依修正前的民法第九百八十二條規定：『結婚，應有公開儀式及二人以上之證人。經依戶籍法為結婚之登記者，推定其已結婚。』但在民國九十六年五月四日，民法第九百八十二條已經修正為：『結婚應以書面為之，有二人以上證人之簽名，並應由雙方當事人向戶政機關為結婚之登記。』

「也就是說，民法是從民國九十六年以後從儀式婚改採登記婚，並於隔年生效。你們是在十幾年前結婚，就必須符合公開儀式及二人以上之證人的要件，否則結婚是不成立的。」

律師，其實我當年也曉得「儀式婚」是什麼意思，我只是把他的下跪求婚當儀式，天、地當證人，有什麼比天地為證更昭然的嗎？當然，我明白這是自己的一廂情願。然而，他更心知肚明我們之間那曾經無所謂的瑕疵。

所以，在他自認無法以離婚開始他的全新人生後，只好使出這樣的殺手鐧。因為他知道我不會同意放手的，早在他為我套上婚戒時，我就認定了他是一輩子的依靠，即使這些年，他早出晚歸，甚至明目張膽地展示著新歡，他太了解我了，知道我怎麼可能會願意為此跟他對簿公堂，這樣的柔軟，造就了他的無後顧之憂，也造就了他的肆無忌憚。

「依民法第一〇五二條第二項的規定，夫妻之間有難以維持婚姻之重大事由者，夫妻之一方得請求離婚。但其事由應由夫妻之一方負責者，僅他方得請求離婚。他因為知道是自己有外遇在先，訴請法院判決離婚一定會被駁回，所以另闢蹊徑，改成請求法院確認婚姻關係不存在，很遺憾，你這部分恐怕一定會敗訴。」

其實我早就有心理準備了，我只是一直在等待，期待他有一天不小心打開抽屜，所有的感動都會一一回來。

然而，我恐怕等不到了。就像律師說的。

我記得第一次開庭時，法官在庭上用近乎同情的口吻，輕輕地提醒我，如果提不出公開儀式的證據跟當時的兩位證人，他就不得不宣示我們多年來實質存在的婚姻「確實不存在」。

律師娘，你說這可不可笑？我們有婚戒為憑、天地為證，甚至，我們都攜手到戶政事務所登記了，孩子是真的，共同生活是真的，逐漸茁壯的經濟實力是真的。

承諾，卻是假的。

在七千多個日子的相濡以沫後，他說，這些都不存在。

他怎麼說得出口？

我努力思考了很久才終於想通——他只是忘記了！我應該做的就是提醒他，一切都是真實存在的！所以我請他把婚後共同努力產生的財產其中一半交給我，如果感情是假的，起碼錢是真的。

他卻說，他現在享有的一切都是他的，因為我們的婚姻不存在，我的努力也不存在，那個什麼夫妻財產分配，是人家夫妻間的事，我們又不是「夫妻」。

律師，真的是像他說的那樣嗎？因為我跟他的婚姻關係不存在，所謂的夫妻財產差額分配權就不存在嗎？

「依民法第一〇五八條規定，夫妻於離婚時除取回其結婚或變更夫妻財產制時之財產外，如有剩餘，各依其夫妻財產制之規定分配之。而這個規定在民法第九百九十九條之一第一項明定在婚姻無效之情形準用之。意思就是說，即使結婚被法院宣告無效，一樣能適用夫妻財產制的規定。」

也就是說，他賺的錢我也有一份，對嗎？法律也認為，即使婚姻形式上不存在，我跟他共同創造的一切是不能抹煞的吧！

「不是一份，而是一半。民法第一〇三〇條之一第一項規定，法定財產制關係消滅時，譬如說離婚，夫或妻現存之婚後財產，扣除婚姻關係存續中所負債務後，如有剩餘，其雙方剩餘財產之差額，應平均分配。這是為了夫妻在婚姻關係中，基於共同生活的認知而相互扶持，進而對於彼此所累積或增加之資產具有協力與貢獻，以免一方在婚姻關係消滅時立於不平等之財產地位。」

沒錯，這就是我要的，既然無法挽回他的心，就讓我割下他的一塊心頭肉吧！讓他記得，我在他的生命中，是他無法抹滅的存在。

律師娘，你能懂我的心意嗎？

「或許吧。人總是害怕被遺忘。怎麼創造不被遺忘的價值是大多數人一生汲汲營營的功課，惟繫於善，無關對錯。」

【法律悄悄話】

⊙在民法中，關於夫妻財產制的規定為何？

夫妻之間如果沒有特別約定夫妻財產制，就是適用「法定財產制」。在法定財產制之下，夫妻財產雖是分別所有及管理收益，但依民法第一〇三〇條之一規定，法定財產制關係消滅時（譬如離婚或一方死亡），夫或妻現存之婚後財產，扣除婚姻關係存續所負債務後，如有剩餘，其雙方剩餘財產之差額，應平均分配。但下列財產不在此限：

一、因繼承或其他無償取得之財產。

二、慰撫金。

依前項規定，平均分配顯失公平者，法院得調整或免除其分配額。

第一項請求權，不得讓與或繼承。但已依契約承諾，或已起訴者，不在此限。

第一項剩餘財產差額之分配請求權，自請求權人知有剩餘財產之差額時起，二年間不行使而消滅。自法定財產制關係消滅時起，逾五年者，亦同。

撲火

他的唯一只能是我，不能是別人。

律師娘，你應該了解我的心情吧！

結婚十幾年，兩個孩子都上了國中。雖然比起那些可能注定這輩子都要單身的姊妹淘，似乎沒有什麼好抱怨的，可是，我總覺得自己的婚姻就像連鎖餐廳一樣：外表光鮮亮麗；服務……我是指我老公的表現啦，也算差強人意。儘管菜色——就是所謂的家庭生活應有盡有，但發自我內心的感動，卻是乏善可陳。

怎麼說呢？每個客人來到連鎖餐廳都受到同樣規格的招待，一視同仁，我覺得自己在這個家的角色也是如此，必要存在，但不一定非我不可。也就是說，換個會煮飯的來也可以，換個會打掃的來也可以，我是我，但我也不一定要是我。

對了，就是少了「獨一無二」。

我想要的是什麼？應該是一種「非我不可」的優越感吧！像是生活中少了我，空氣就稀薄了許多，不是我煮的菜就少了幾分滋味，不是我陪在身邊，快樂都顯得單薄。

同是女人，你一定懂，誰想要自己只是功能性的存在？當然得被不可替代的擁有。然而，他跟我之間，除了身分證上的配偶欄之外，其實沒有再多的連結了，看看他對我說話的態度，從來沒有一絲多餘的妥協。

所以，如果有人說我罪有應得，我是絕對無法接受的。相信律師娘你也能夠認同。你敢說自己從結婚到現在，沒有一點人妻的異想情懷嗎？

在我心裡，從來就沒有否認過渴望另一個男人的溫存，即使外表看起來我跟一般四十八歲看韓劇的師奶沒什麼不一樣——不，應該說是不一樣的。我願意面對自己的情欲，我坦承自己的不滿足。你說，即使是自己的丈夫，但那樣挺著溢出皮帶的啤酒肚窩在沙發裡，蹺腳擱在凳子上，你能有多少的情愫猶存？

我不會因為年紀而停止身為女人的需求，因為我還是女人，起碼「它」從青春期開始陪了我三十幾年，還沒離開。

然後，那個人在關鍵的時刻出現了。也就是在那時候，我徹底了解了自己不想要就這樣過一輩子，更篤定自己能義無反顧絕不回頭。

是，我的確是在那個人靠近我的時候，欣然接受他的好感，毫無顧忌。是，當他多次邀約，我沒有欲拒還迎，反而掩飾不住心裡雀躍的期待。

被豢養的鳥，即將飛向久違的天空。

即使我一開始就表明自己的人妻身分，但他仍然毫不遲疑地為我們規劃了未來的康莊大道，因為他的唯一只能是我，不能是別人，這才是我要的，即使飛蛾撲火都值得。

那個人告訴我，他的事業正如日中天，勢不可當。那個人告訴我，他不會冷落嬌妻，而是全心呵護。他會保護我，就從我處理完自己的前一段婚姻開始。

我想過孩子的問題嗎？正值青春期的他們，我該如何向他們解釋？

呵呵，這麼問，就顯得你火候還不夠了，律師娘。

如果你的孩子像我的一樣大，你就會知道，他們從家門到房門只需要花費一秒鐘。除了吃飯和洗澡，要把他們叫出房間，可能發LINE還比較有機會。很多時候，我想找他們說說話，但他們把門一關，就讓門板跟我的鼻頭只剩一公分的距離。我的離開說不定會讓他們覺得，媽媽和他們之間算稱得上距離剛好而已。

說到這裡，你們應該能諒解我為什麼一心求去吧！

其實，一年前，我那個雖然稱不上愛、但稱得上夠用的丈夫，也曾經跟我提過要簽字，當時家裡每樣摔得壞的東西幾乎都被我摔碎了！我知道他的收入多數來自我婆家的公司，而能流得進我們家的錢只剛好夠家裡的支出，離了婚，我什麼拿不到。我聽說過，贍養費得判決離婚、自己沒過失加上生活陷於困難才能要，像我這樣好手好腳，上法院一點公道也爭不到。

夫妻剩餘財產差額分配也分不到婆家的那塊。只有我丈夫婚後賺來所剩餘的財產，才是我可以分的，可他名下什麼也不放，統統留在他母親那兒。所以當時我堅持不簽，除非他拿財產來換，三千萬，一毛都不能少！

我問過律師，離婚，愈急的人愈吃虧。

結果我丈夫居然就退縮了，我還以為他急著脫身，去找外面那女人呢！雖然我沒有證據，但女人的第六感準確度是百分之九十九點九，我怎麼可能輕易放手讓他和那個半路殺出的程咬金雙宿雙飛呢？

可是一年後，我不在乎了，我有個說好會養我的男人等著我。

我承認，急的變成是我了。

律師娘，你還記得吧？那一天，我在你們事務所簽下離婚協議書時，拋棄了剩餘財產分配請求權，即使你和大律師再三要我確認，我也不動搖。我一心只想，買我絢爛奪目的下半生，這些錢花得很值得。

直到我搬回娘家後當晚，不經意看到報上斗大的新聞標題：

「徵信社新招　充當小王騙人妻離婚」

一股莫名的不祥感漸漸在我心上漾開。我顫抖的手指，在手機的螢幕上滑動著。

電話接通了……語音信箱。

律師，一切都來不及了，對嗎？

【法律悄悄話】

⊙如果在離婚前偷偷脫產，就可以規避夫妻之間的剩餘財產差額分配嗎？

依民法第一〇三〇條之三規定：

「夫或妻為減少他方對於剩餘財產之分配，而於法定財產制關係消滅前五年內處分其婚後財產者，應將該財產追加計算，視為現存之婚後財產。但為履行道德上義務所為之相當贈與，不在此限。

前項情形，分配權利人於義務人不足清償其應得之分配額時，得就其不足額，對受領之第三人於其所受利益內請求返還。但受領為有償者，以顯不相當對價取得者為限。

前項對第三人之請求權，於知悉其分配權利受侵害時起二年間不行使而消滅。自法定財產制關係消滅時起，逾五年者，亦同。」

雖然如此，還是有人會在離婚前想盡各種方式脫產。建議如果有起訴判決離婚的想法，就要考慮要不要聲請「假扣押」，查封對方名下的財產喔！

執迷不悔

先看見你自己，你就能看見世界不是只有他而已。

律師娘，請恕我冒昧問你一個問題：換成是你發現老公外遇了，你會怎麼做？裝作毫不知情，安穩地繼續過日子？或是揭開瘡疤，該怎麼著就怎麼著？還是把事情搞大，能多難看就有多難看？

別笑我沒骨氣，偷偷告訴你，如果可以選擇的話，我真希望他繼續隱瞞我，讓我可以保有這個家，可以繼續相信我們的愛情，日子一樣可以好好地過下去。我跟你打賭，她還算年輕，她會膩的，她不會跟這樣一個死氣沉沉的老頭子在一起太久的，一直到我跟他一起變得更老更老以後，這只會是我倆生命中的一段插曲。

我今年四十九歲，他也五十出頭了，如果就此和他離婚，我還能找到下一段幸福嗎？我不想要往後的人生一個人孤孤單單地過。

別說什麼我還有家人和朋友！孩子有他們的世界，朋友也有他們的家庭，我還是得一個人走過後半生。

我這樣講，你應該就能夠理解了，在他坦白告訴我之後，我心裡沒有興起一丁點離婚的念頭。不是聽說民法是這樣規定嗎？「難以維持婚姻之重大事由應由夫妻之一方負責者，僅他方得請求離婚。」有小三的是他，只要我不想離婚，他是拿我沒辦法的。

只是，接下來的日子真的很難熬，他拗不過我，索性不回家了。

孩子都大了，在外地念書，家裡空空蕩蕩的。我開始在想：這場鬧劇到底有什麼意義呢？我在執著些什麼？

對，我記得的。我當然記得律師說明過的我的一切權利。

像是，嗯……如果握有證據，首先，我可以用「與配偶以外之人合意性交」為事由，向法院訴請判決離婚。

接下來呢，則是請求剩餘財產差額分配，他婚後賺的錢所剩餘的財產，我可以計算與我名下婚後剩餘財產的差額，向他請求差額的一半。

另外是他和她之間的外遇行為，我可以請求侵害配偶權的精神損害賠償。

最後，還有個判決離婚才能請求的「離婚賠償」，如果可以證明我離婚後生活會陷於困難，在判決離婚的前提下，「或許」有機會拿到贍養費。

錢、錢、錢，律師娘，律師講到的都是錢！你覺得我想要的是錢嗎？離了婚、拿到一堆錢，然後呢？抱著錢去過我的後半輩子嗎？孩子都大了，我的生活重心該放在哪裡？沒有老伴，誰陪我遊山玩水，看盡人間風景？都已經有伴侶作伴了二十幾年，我真的不曉得獨身一人的生活應該怎麼過。更何況，我不知道一旦拿到徵信社那些難堪的證據，我能夠承受嗎？

如果可以當作什麼都沒有發生過，或許我會比較快樂的，不是嗎？誰沒有過去，差別只在於這個「過去」是發生在婚前或婚後，只要我放寬心，再多棄守一點點界線，就可以和身邊其他幸福的婚姻一樣不會有任何改變，對吧？

我不要錢！我要一個守候著我的伴侶，我要一個了解我的丈夫，有伴就好，無所謂瑕疵。

可是，容我告訴你一件更諷刺的事吧！那天他回來，不帶一絲遺憾的口氣告訴我，錢都給我，他淨身出戶，只要我放他自由。

天知道如果我沒有給他那麼大的自由，放任他夜不歸營，從不查勤，或許我和他還一起關在婚姻的牢籠裡，而不是像現在這樣，他即將打開柵欄，獨自飛向世界自由翱翔。

●

難道這就是女人的悲哀嗎？注定在年老色衰時，坐困愁城，等著男人選擇陪你一起變老，或者任你孤寂老去。

律師娘，你老是說女人要獨立、要堅強、要有自信，那如果律師離開了你，失去了「律師娘」的身分，你也能獨立、堅強、自信嗎？

算了！你還年輕貌美，根本不懂我們年華即將老去，挽回不了男人的心情。等年紀到了，你才能夠真正體會。

離或不離，應該是你和大律師最常被問到的問題吧！我打從心底不想結束這個婚姻，但我也承認自己可能不是因為還愛著他，而是害怕失去而已。和他一起走了二十幾年，未來的日子少了他，我還能自己一個人好好走下去嗎？我會不會找不到人一起吃飯？我會不會寂寞到徹夜未眠？我是不是再也感受不到幸福？這些我所恐懼的，是不是會一一實現？

只是，像他這樣都不回家，跟離了又有什麼差別？雖然可以提起請求履行同居義務的訴訟，但律師說了，即使勝訴了也無法強制執行。那麼，我們之間也不過是假性婚姻而已，不是嗎？

律師娘，你告訴我，我還擁有幸福嗎？

「對於身患絕症的人而言，多活一天是幸福；對於瞎了眼睛的人，看一眼世界是幸福；對於喪偶的人，再牽一次伴侶的手是幸福。一眨眼是幸福，一呼一吸是幸福，一覺醒來是幸福……

「幸福感，不在於你擁有了什麼，而在於你失去的時候還記得感受什麼。選擇哪一條路是其次，最重要的是你得先看見你自己，才能看見世界不是只有他而已。」

【法律悄悄話】

⊙在台灣離婚可以請求贍養費嗎？

依民法第一〇五七條之規定：「夫妻無過失之一方，因判決離婚而陷於生活困難者，他方縱無過失，亦應給與相當之贍養費。」

因此，我們可以知道，在協議離婚及調解離婚的狀況下，是不能請求贍養費的。

另外，關於「陷於生活困難」這一點，目前法院的認定相當嚴格，只要有一般的工作能力就幾乎不會成立。所以最好在談判離婚時，一併協議進去，否則離婚後要另外請求贍養費，會有相當程度的困難。

Part 4——因為相信

我們的孩子

在照顧別人之前，記得先照顧好自己。

應該是十五年前的事了，記得我們相遇時，我三十五歲，他四十五歲，而他的男孩十歲、女孩八歲。

沒錯，「他」的孩子，不是我們的孩子。他一直是這麼想的，所以才會有今天這種結果。

三十五歲是個尷尬的年紀，尋找相親對象時會有人告訴你，差不多年紀的男人要找二字頭的女人，四十幾歲的人也希望以二字頭的女人「優先」。

「不是我歧視，總要考量傳宗接代的問題嘛！」在介紹人沒溝通好的一次相親中，對方坦白了我的不適格，我當場翻臉走人。是哪份醫學報告說了三字頭的女人不會生嗎？全都是一群只重視覺感官刺激的雄性生物的藉口。

其實我覺得，當年我的外表不輸給二十幾歲的女生，甚至可以說比起她們，我更有著善體人意的優勢。保養得宜之下，我有自信當時娶了我，隔一個月就可以生給他看。

為什麼要說這些十五年前的陳年舊事？律師，我是想讓你們知道，我不是沒有選擇才不得已委身於離婚有子的他。我是真心愛他的，想把他和他的孩子當作自己的家人，否則為什麼我會答應他，放棄生育「我和他」的孩子呢？

所以，千萬不要說這個結局是我自己選擇的。

律師娘，你一定不曉得繼母有多難為吧！就算你說你可以想像我有多辛苦，但真的做起來完全是另外一回事。

首先，你得接受自己永遠是「第二名」。你不可能撼動孩子們與母親間牢不可破的骨肉親情，即使他們的母親已經另有歸宿，即使他們的母親後來也有了別的孩子，但你永遠不可能取代他們母親在他們心中的地位。而且這點你得讓孩子們知道，你連一絲一毫這樣的心機都沒有，否則，他們會關上好不容易對你敞開的心門，要再敲開，又不知道是何年何月。

「你們媽媽應該是最近比較忙，所以比較少來看你們，過陣子等她忙完了，就可以常常看到她了，她一定也很想你們。」

我要是有這麼可愛的孩子，才捨不得跟著愛人四處雲遊，放棄在他們長大前最後幾年可以陪伴他們的時光——但你就是不能這麼說，這不是一個識大體的繼母該說的話。

他在一旁觀察著點點頭，算是肯定了我的表現。要走進他們一大兩小的生活，你要小心翼翼，不能有任何篡位的野心。

好不容易，拿到門票，正名進了他們的家庭，成為他的新太太。但我仍然不是他們的新媽媽，「阿姨」是他們唯一願意給的頭銜，但沒有人聽到我無時無刻心中不在吶喊的：我做的一切「不只是阿姨」；或許母親未滿，但絕對是阿姨以上。

你知道最頭痛的就是孩子們的青春期，他們的嘴巴更緊了，你連「阿姨」兩個字都鮮少聽見。他們深夜準備考試，你端著甜湯進房給他們當宵夜時，一定要記得敲門，別忘了他們已經自認為是成年的主體。在你放下時，他們輕聲說了：「謝謝。」你叮嚀他們早點睡時，他們說：「嗯。」你別說這年紀的孩子都是這樣，當他們的母親一個月難得一次的探訪時，我眼見他們拉著母親的手，還來不及進房門，就急著嘰嘰喳喳。

這是演給我看的嗎？示威我永遠是外人嗎？不止一次，我真的就是這麼想。我不懂自己做那麼多是為了哪樁。為什麼我要討好他們？為什麼我要說服自己不求回饋地付出？

對，這是我自己的選擇，我了解每個人都應該為自己的選擇負責任。但不可否認我也在期待，我對他們的愛會換得他們對我的愛吧！

一直到去年，他的女兒在大學畢業典禮中，上台代表畢業生發表感言。正好她母親又出國了，我坐在她母親應該坐的位置上，以一個代理母親的身分。當她結束感言時，望向了台下的我，說了一聲：「還有，謝謝你，媽媽。」

當時，我怔住了，第一瞬間我覺得她喊的是我，下一秒又覺得或許她喊的是她親生母親。但我無法得知真正的答案，不過，搞不好她自己也不知道吧！

在那之後，那孩子依舊繼續叫我阿姨。她的哥哥更別說了，原本多年來，「阿姨」兩個字就很少從他口中迸出來。但她開始對我親熱多了，我漸漸催眠自己，那一聲「媽」就是在叫我。

如果是這樣，我好像可以接受我就是一個不被稱為「媽媽」的母親，只要他們的爸爸懂，我這一切都是為了他。

可是，難道人生就是這樣？就在你以為可以對自己交代時，人生就是會賞你一個巴掌。

六十歲的他其實不算老，我不懂為什麼他挑現在處理這件事情。他算不上富豪，但名下的五間不動產，經過這十幾年房地產的升溫，價值也相當可觀。就在小女兒畢業典禮結束半年進入職場後，他宣布了這些不動產的規劃：三間歸哥哥，兩間歸妹妹。剩下說多不多的現金，「就是我的養老金，以後你們也不會有負擔。」他笑嘻嘻地對家人說——但「家人」包括我嗎？

我不是貪圖他的財產，但他難道完全沒想過，在這個家庭裡我的地位是什麼。還是說，他就是想到了我的事，所以才早早就規劃了這一切？

「如果你先生早你一步過世，那他婚後所賺的錢，你可以先以配偶的身分請求剩餘財產差額分配，分走一半，而且這部分是不用繳遺產稅的。然後，你可以再跟其他繼承人，也就是他的兒女一起平分剩下的部分。」

原來如此！律師，他前一次離婚時就已經大放送給了前妻自己當時大部分的財產，而他現在名下這些不動產，都是我開始當他背後那個偉大的女人之後，他才賺來置產的啊！依照您的講法，二分之一加三分之一，我應該可以分走他將近八成的財產。

這就是為什麼他要提前規劃那些財產，把名下的不動產先全部過戶贈與給兒女。他這麼做是為了防止我將來分走他財產的一大部分嗎？他知道即使寫了遺囑，我也還是有特留分，而且遺囑也迴避不了夫妻剩餘財產差額分配，只要我敢提起訴訟，到時他在黃泉之下也拿我沒辦法。

於是，他選擇什麼都不給我。

我不是要錢，只是，真的很難不把分配財產跟分配他的愛相提並論。最後的最後，他的愛還是都分給了他的寶貝，我什麼都沒有。那這十五年來，我又算什麼？

「這裡有幾條相關的法律條文。依民法第一〇二〇條之一規定：『夫或妻於婚姻關係存續中就其婚後財產所為之無償行為，有害及法定財產制關係消滅後他方之剩餘財產分配請求權者，他方得聲請法院撤銷之。但為履行道德上義務所為之相當贈與，不在此限。』

「民法第一〇二〇條之二規定：『前條撤銷權，自夫或妻之一方知有撤銷原因時起，六個月間不行使，或自行為時起經過一年而消滅。』

「另外，民法第一〇三〇條之三規定：『夫或妻為減少他方對於剩餘財產之分配，而於法定財產制關係消滅前五年內處分其婚後財產者，應將該財產追加計算，視為現存之婚後財產。但為履行道德上義務所為之相當贈與，不在此限。前項情形，分配權利人於義務人不足清償其應得之分配額時，得就其不足額，對受領之第三人於其所受利益內請求返還。但受領為有償者，以顯不相當對價取得者為限。前項對第三人之請求權，於知悉其分配權利受侵害時起二年間不行使而消滅。自法定財產制關係消滅時起，逾五年者，亦同。』

「也就是說，你可以選擇在知情你先生過戶起算六個月內，或他的過戶行為起算一年內，撤銷他危害你以後分配剩餘財產的贈與行為。或者如果在之後五年內，你們離婚了或他過世，你也可以要求把他贈與的財產價值追回計算，甚至不足額還可以請他的兒女返還給你。」

的確，畢竟這麼大一筆財產，應該不能以所謂「履行道德上義務之相當贈與」來做認定吧。

看來，若決定要訴諸法律，我的確站得住腳。但這樣真的好嗎？

律師娘，你覺得呢？

「你對自己生命價值的定義是什麼呢？是讓自己好好過生活，還是成就別人？

「其實，每個人的答案不需要一樣，若你本來就可以自己照顧自己，或許他的做法是基於了解和信賴，那麼他的愛也許不需要用財產來表達。但如果你的經濟生活是需要被照顧的，我想基礎生活條件的供給，應該是一個伴侶最起碼要做到的。

「這些沒有標準答案，但最重要的是在照顧別人之前，記得先照顧好自己。在那之外，其實一個人能享受的有限，我想你可以試著去了解，每個人的決定都有他背後的動機，隱含著人性，但不見得是罪行。」

【法律悄悄話】

⊙什麼是特留分?法律上如何計算?

「特留分」是指:法律保障遺產繼承人可分配遺產之最低比例,即使被繼承人立遺囑都不能侵害。

依民法第一二二三條之規定——

繼承人之特留分,依左列各款之規定:

一、直系血親卑親屬之特留分,為其應繼分二分之一。

二、父母之特留分,為其應繼分二分之一。

三、配偶之特留分,為其應繼分二分之一。

四、兄弟姊妹之特留分,為其應繼分三分之一。

五、祖父母之特留分,為其應繼分三分之一。

不完美的對等

並非只有一百分的對等，才是完美。

律師娘，如果你也認為這是報復，那我會對你非常失望。

是他有錯在先，而且坦白說如果沒有他的負心，也不會有我的不義，但這只說明了因果循環，解釋不了我的動機。

有什麼不同？這麼說吧，我想要證明我們之間是對等的。我說的並非男女平權那種俗套，而是「我不是做不到，只是不願意做而已」。

我們十幾歲就在一起了，那是好久好久以前的事，我甚至覺得腦海中那些和他之間的回憶，應該有許多記不真確的地方。我向來不是個對往事可以如數家珍的人。

然而，關於他曾經帶來的傷害卻像是扎在心頭的深刻痛楚，即使事隔多年，對將近六十歲的我來說，依然清晰得宛如昨日。

說來老套，或許你也聽膩了，但是對於像我這樣被背叛的原配而言，每一道傷口都是嶄新的，鮮活得像隨時會汩汩冒出血來。

雖然當年他說那只是男人的老把戲，沒什麼稀奇，叫我不要大驚小怪。

我不記得在那個年代有多少女人可以理解，為何男人認為自己的雄性特質不只應發揮在單一的雌性身上。但至少，我沒那種號稱「賢慧」的雅量。

我猜疑，我質問，而他閃避。

我沉默，我流淚，但他置之不理。

我又吵又鬧！他卻嗤之以鼻。

那年頭不流行徵信社的套裝服務。也可能有吧，只是我不知道上哪裡找。但以我那時三十幾歲的身手，戴著扁帽、墨鏡及口罩，再換上不曾穿過的衣服，也足夠跟蹤他上梁山了。

那女人沒在避諱的。我跟了好幾天，她都準時在他公司樓下等著，不管行程是什麼，最後都進了她那間小公寓。

就是為了她，我的丈夫經常夜不歸營，到後來連話都懶得跟我多說一句。

我怎麼看那女人呢？其實我一點也不在乎她，甚至連嫉妒都說不上。要說條件，我像她那年紀的時候，她那種類型的恐怕給我的追求者擦鞋都不夠格。

我只是不服氣。

我也會倦怠，我也懂得新鮮感的美妙，有時我也會對魔鬼的誘惑心動……

但為什麼我做得到隔絕一切「除了他以外」的美好，他卻完全不需要顧念我的犧牲？

十幾歲，就像我人生的起點，他等在那裡與我一同起跑，而我也一直以為我們會終身相伴，和那些會仳離的夫妻完全不同。說來我又更無辜了，我那個年代不像你們這一代，動不動就把離婚掛在嘴邊，彷彿這家餐廳服務不周、菜不對味，換家光顧也無妨。

我和他，的確是相伴了一生，只是其中有好幾年，他身子的另一側還有另一個陪他跑步的人。我在這一側見她若隱若現，一直到她發現自己怎麼樣都只能站在外側，才死心地走遠。

在那之後，他又如同過去，摟住了我的肩，並且感激我的不離不棄。我對他嫣然一笑，道盡了我的既往不咎、深明大義。

●

老天真是公平，一直到他早我一步離開人世為止，他都沒發現我暗地裡進行的對等計畫，也就是「他做得到，我也做得到」。而我更料想不到的是，會有那個孩子的出生，永遠提醒著我：因為我想要的對等，他這輩子只會擁有和我共同的孩子，而我卻擁有一個不屬於他的孩子，難道，這就是我想要的嗎？

我一直以為這個不完美對等的故事，會跟著先離開的他就此長眠大地。

直到那天，老二的一場車禍，公開了血脈的秘密。而「我們的」兒子對「我的」兒子提起律師所說的那個……婚生否認之訴，想替父親討回一切公道，包括「我的兒子」不該繼承的遺產。

「的確，依家事事件法第六十四條第一項的規定：『否認子女之訴，夫妻之一方或子女於法定期間內或期間開始前死亡者，繼承權被侵害之人得提起之。』不過，同條第二項也規定了，要在被繼承人死亡時起一年內提起。」——這是律師您上回在事務所對我說的，而之後的劇本也如您所預料，因為提起訴訟超過一年的期間，我大兒子的訴訟被駁回了。

說我鬆了一口氣嗎？當然！哪個母親能接受骨肉對簿公堂。這是我的對等計畫裡最荒腔走板的一部分。

不過，律師娘，或許就像你說的，孩子大了遲早要開枝散葉，他們兄弟倆各有各的枝、各有各的葉，不同心又如何，至少他們各自幸福。兩人各自八十分，對我這個母親而言，還是有一百六十分。

但我不禁在想，老大會知道真相，到底是意外，還是他在天上的安排？似乎是以這場殘酷的揭露來提醒追求公平的我，並非只有一百分的對等才是完美。

年輕的時候，我是絕不接受這種說法的。甚至到了現在，我也難說自己完全都懂了。但是親愛的，你放心，眼看著對等與不對等各自幸福，我還是快樂，不、後、悔。

【法律悄悄話】

⊙婚生否認之訴規定為何？

依民法第一〇六三條之規定：

「妻之受胎，係在婚姻關係存續中者，推定其所生子女為婚生子女。

前項推定，夫妻之一方或子女能證明子女非為婚生子女者，得提起否認之訴。」

也就是說，在婚姻當中受孕者，所生育之子女一定要登記當時的配偶為父親。如子女的生父非其配偶，一定要透過提起「婚生否認」之訴否認其親子關係之後，才有辦法讓生父認領。

以幸福交換幸福

深愛一個人，便希望用自己的幸福交換他的幸福。

我真的很喜歡小孩子。

和孩子相處的時候可以很放鬆，不需要擔心說錯了什麼話得罪他，也不必懷疑他討好我是想從我身上得到什麼。不，或許有吧！孩子唯一想從我們身上得到的，就是疼愛，起碼我相信一個五歲的小孩是如此。

我第一次抱著那孩子的時候，他才六個月大，正是要脫離母親的奶水，開始嘗試第一口大人滋味食物的時期。很久沒照顧這麼小的寶寶了，不過我還記得他的父親這麼大時，我把粥熬得稀稀水水的，拿著小小的湯匙，把米湯一點一點地餵進桃紅色的小嘴巴中，那圓圓的臉蛋上，烏溜溜的眼睛突然睜得老大，像是初嘗這個世界的真實。二十幾年後，這個畫面重疊在我的孫子身上，而我的感動居然還增添了幾分。

小貝比的皮膚像剝了蛋殼的水煮蛋般，柔嫩而有彈性，我知道育兒專家一定會反對，但我就是忍不住一天要親他好幾回。

我一直很慶幸上天給我這個機會，讓我重新再當一次母親。年輕時的經濟環境不好，我自己的孩子是給他住南部的阿嬤帶大的，我沒有看到自己的孩子第一次坐挺挺的模樣，也沒有機會分享他第一次站穩穩的驕傲，每個小小的進步，都是阿嬤——就是我婆婆跟我形容的，我聽著當然還是開心，但多希望兒子的回憶裡多一點點我。而這個奢望，居然在我的小孫子身上實現了。

這孩子的母親離開時才二十歲。我也覺得很遺憾，如果她當年成為我的媳婦，那我們祖孫的緣分是不是可以延續久一點？

年輕人稚嫩的愛情太純粹了，經不起一點點瑕疵。一場爭執，他的母親負氣而走，等著男友挽留，我卻勸不動兒子再多花一點力氣挽回一個家庭。

沒有結婚，也就省了離婚，那孩子由我兒子認領，他的親生母親讓出了監護權，就這樣，我順理成章當了自己孫子的代理母親。

我這個小孫子，喜歡摸著我軟軟的小腹在我懷裡撒嬌，喜歡起床時先抱著我一分鐘賴床。他喜歡我煮的每道食物，還會摟著我的脖子說：「阿嬤，我愛你！」

將近五年的時間，這孩子就把我一生還能給的愛都綁架了。

我當然不希望他有個破碎的家庭：一個遠走他方工作的父親，一個沒有印象的母親。可是在他們三人的不幸下，卻造就了我的幸福——只有良善和美好回憶的五年。

「阿嬤，我的同學都有爸爸媽媽。」進了幼兒園的這一年，他懂了很多，包括他擁有什麼，跟沒有什麼。

「你也有爸爸媽媽啊！只是他們在很遠的地方工作，所以比較少回來看你。」

一年多前，我兒子有了新的家庭，或許是為了怕妻子多心，因此更少回來家裡看他。我沒有聽過孩子說想念父親，五十幾歲的我，其實猜不透五歲的他在想什麼。

但他是個快樂善良的孩子，沒有跟別的小孩鬥氣過，即使有時遇到比較霸道的大孩子欺負，他也只會在我接他回家時紅著眼睛，緊緊地抱著我。偶爾在夜裡見我心疼他的孤單而掉淚時，他也會用小臉磨蹭著我皺紋間的淚痕，說：「呼呼。」

我真的心甘情願傾盡殘餘的歲月陪著這孩子長大。我想看著他穿著畢業服，我想看著他娶媳婦，我想看著他像我一樣，被一個孩子戲弄著也甘之如飴。

真的不可以嗎？

阿嬤的愛，真的絕對不如一個母親嗎？

「她」回來了，只是一通電話謝謝我的照顧，以後她想自己盡母親的責任，不需要我當代理人了。

我問了我兒子，希望他捨不得，可以做我的後盾，讓我有藉口留下孩子。但他說：「媽，你年紀慢慢大了，照顧小孩很辛苦，既然他媽媽要他，你剛好賺到輕鬆養老啊！」

傻兒子，難道你不懂嗎？在我心裡，你的孩子就是你；我從你身上失去的，也想要從你孩子身上找回！如果早知注定要心如刀割的分離，或許一開始，我根本不會選擇這麼做。

所以，我才想請教律師，如果我兒子不想要這孩子，身為阿嬤的我可以爭取監護權嗎？聽說為了保障小孩的利益，爭取監護權有幾個什麼「原則」，那我的情況適用嗎？

「你指的應該是『原照顧者繼續原則』和『最小變動原則』。但是，我們要先來看看這兩項規定。依民法第一〇九一條規定：『未成年人無父母，或父母均不能行使、負擔對於其未成年子女之權利、義務時，應置監護人。』第一〇九四條第一項規定：『父母均不能行使、負擔對於未成年子女之權利義務或父母死亡而無遺囑指定監護人，或遺囑指定之監護人拒絕就職時，依下列順序定其監護人：一、與未成年人同居之祖父母。二、與未成年人同居之兄姊。三、不與未成年人同居之祖父母。』

「也就是說，祖父母雖然可以當未成年人的監護人，但以父母均不能行使、負擔對於其未成年子女之權利、義務時為前提。今天他的母親有能力也願意扶養他，恐怕不符合這個要件。如果您的兒子不願爭取，監護權的部分由您出面，不太可能爭得過他的親生媽媽。」

那如果是由我兒子出面呢？我兒子當監護人，我來照顧小孩，這樣可以嗎？

「如果您的兒子在您和小孩身邊，由您當兒子的支援系統，按照監護權常被參考的最小變動原則，或許有機會。可是您的兒子遠在他鄉，又有自己的家庭，就法院的立場，您是隔代教養，爭取監護權的部分可能不容易。」

為什麼母親的愛就一定大過阿嬤的愛？當年捨棄孩子的是她，陪在他身邊的是我啊！律師娘，你不認為法律這樣規定有失偏頗，也不見得對小孩有利嗎？

「您很愛這個孩子吧！」

那當然，我可以用我的生命來交換他的生命。

「您覺得孩子想不想跟爸爸或媽媽在一起呢？應該說，您覺得他會不會想要像其他的小朋友一樣，至少有爸爸或媽媽陪在身邊呢？」

這……可是，我覺得我可以取代母親的角色啊！孩子跟我在一起也過得很開心。

「那如果他有阿嬤也有媽媽，會不會加倍幸福呢？如果阿嬤跟媽媽打官司，他的感受又是如何？打起官司來，社工或家事調查官會做訪視，會問他想跟誰，他就要做決定，萬一他為了怕您傷心而忍痛不要媽媽，您忍心嗎？以後他長大了，您的年紀也更大了，您能確定自己給予的照顧或支持一定大於他母親嗎？還是說，孩子可以擁有愛他的媽媽生活在一起，還有個阿嬤在背後永遠支持他呢？」

唉！律師娘，我年紀比你大了十幾歲，怎麼會不懂你說的這些道理。可是，放手談何容易。

「愛上了，就注定要隨愛漂泊。深愛一個人，會想要他快樂勝過自己快樂，更會希望用自己的幸福交換他的幸福。相信您會想清楚的。」

【法律悄悄話】

⊙「原照顧者繼續原則」和「最小變動原則」，是什麼意思？

依民法第一〇五五條、第一〇五五條之一規定，法院所為酌定或改定親權時，應依「子女之最佳利益」為審酌原則。

但是，關於何謂最佳利益，實務上也發展出幾個參考的因素，包括：幼兒從母、手足不分離、同性別原則、良好支援系統等，其中，「原照顧者繼續原則」和「最小變動原則」，幾乎決定性地占據了法官判斷的標準及社工的探訪報告。這是因為希望未成年子女不要因為父母的離異，而使生活受到太大的影響，所以在裁定監護權時，會傾向於小孩由原來照顧者依最小變動的方式，來繼續照顧小孩。

最愛

無論你變成什麼樣子，都是我一輩子的摯愛。

我記得是去年春天吧，也是這樣一個暖洋洋的三月天，我走進了你們事務所。

我印象很深刻，那時路上車水馬龍，空氣中飄散著花香，每個人都沐浴在春日的愉悅中輕快前行，只有我，陰鬱清冷的心情還像滯留在冬日。

終於，在相隔一年後的今天，接到你們通知我拿到勝訴判決了！正好連日綿綿的春雨方休，難得是個陽光露臉的好天氣，就那麼碰巧，像是我和我老伴人生這一段欲哭無淚的日子裡，久違的一抹微笑。

被告應給付原告新臺幣〇〇元及自民國〇〇年〇〇月〇〇日起至清償日止，按週年利率百分之五計算之利息。

被告應將新北市〇〇區〇〇段〇〇小段〇〇號建物即門牌號碼新北市〇〇區〇〇路〇〇號〇〇樓房屋所有權全部，暨所坐落基地即同小段〇〇地號土地權利範圍一萬分之〇〇移轉登記並交付予原告。訴訟費用由被告負擔。

本判決於原告以新臺幣〇〇元供擔保後，得假執行。但被告如以新臺幣〇〇〇元為原告預供擔保後，得免為假執行。

看著這份判決的主文，我心裡有著千頭萬緒。真的就像律師之前說的，現在我不但可以請她還錢，還可以撤銷贈與，讓她把房子還給我兒子！還好，人間尚有公義，雖然離公平仍有段距離，但是對於遭逢重重打擊的我們這兩個遲暮老人，至少帶來了一點欣慰。

律師娘，可以讓我最後一次聊聊這個故事嗎？心痛說出口之後，就變成了回憶。接下來，我便要更專注守護著老伴，和我那餘生都恐怕再也無緣有伴的兒子。

幾年前的那場車禍，奪去了我兒子的大好人生。四十歲的他正蓄勢待發，準備將黃金青春歲月所累積的能量在人生後半場盡情釋放，但那尖銳的煞車聲帶走了他的行動能力，也帶走了我們兩老的所有歡笑……

我們懂，那是意外，誰都不希望這樣的不幸發生，所以我們也不怪肇事者。所幸理賠的一千多萬保險金，可以讓癱瘓的他有個專人照護的經濟來源。另一方面，在我兒子名下，有一棟我們兩老十年前贈與給他的不動產。這兩筆資產如果好好運用，她應該可以經濟無虞地陪在他身邊，我們兩老會一輩子感恩她不離不棄的夫妻情義。

我們很明白地對她說過，如果她要離去，我們能理解，畢竟當時我兒子的智力受到了部分傷害，癱瘓的下半身也讓他無法自理生活。我媳婦還年輕，如果我有女兒，絕不忍心葬送她人生的其他可能性。但兒子是我們生的，就算故障了，還是我們心愛的兒子，雖然不知道能陪他多久，但總會想到辦法的。

「爸媽放心，我會照顧他的。」

她卻承諾了留下。

這份情令人動容，也因為如此，當時意識還算清醒的兒子在跟我們商量過後，決定把自己名下的那棟不動產贈與過戶給她。

應該的。除了她，我們還能信賴誰？一個願意在此時陪在他身邊的女人，是上輩子燒再多香也換不來的。

我們只希望她能好好地注意外籍看護有照顧好兒子就好。她可以有自己的生活，不需要守這樣的活寡。經診斷得知，我兒子的失智即將漸漸加重了，要一個三十幾歲的女人對這一切概括承受並不公平。

剛開始那幾年，我們常去探視兒子的狀況。他的生活起居都由外籍看護照料，她不需要花太多時間及體力，這樣是最好的。我也不時告訴她，希望她傾聽自己心中的聲音，願意留下就留下，想離開隨時可以，我們會把兒子帶走，讓她有機會單飛。

像這樣的話我跟她說過不下一百次了，其實她可以開口的，她卻沒有。直到有一次，我從外籍看護口中聽到她遇到自己的另一個春天了，有時會在外好幾天不回家。

我能理解，換成三十年前的我，也不見得守得住這樣的寂寞。但動輒一個星期不回家，把我兒子留給外籍看護，我還是心疼。雖然他因為智力受損而有失語情況，但不代表靜靜待在家的他就什麼也不知道。我相信，他還是懂得有沒有愛他的人陪在他身邊。

「要不要跟媽媽回家？」我噙著眼淚，拉著兒子的手。

他試圖發出聲音，就像當年我教他叫「媽媽」時的那個神態……

孩子別怕，你不會孤單！不管你變成什麼樣子，都是我一輩子的摯愛。

我是千百個願意放她走的，兒子是我生的，我願意自己承擔。她沒有拒絕也沒有解釋，就讓我帶走了兒子。

然而，她也沒有主動提起照道理應該一起交出的一千多萬保險金，與她受贈與的不動產，甚至在我們開口了以後還一拖再拖。

如果我們本來就一無所有，當然沒有什麼好爭的，偏偏這些東西都實實在在存在過。這段打官司的歷程，我和老伴都很難過。我們真的想要好好送走她的，而不是用一場沒有感情的訴訟。

直到現在，我都還記得一年前來事務所時，律師給我們的建議。

「依民法第四百一十六條第一項第二款規定，受贈人對於贈與人有扶養義務而不履行者，贈與人得撤銷其贈與，但這項撤銷權，從贈與人知有撤銷原因之時起，一年內不行使而消滅。二位可以聲請自己當兒子的監護人，替兒子請求她履行扶養義務及返還款項。如果她不履行，你們可以代替兒子撤銷贈與，再依民法第一百七十九條『不當得利』的規定，請求她返還贈與物，並另依民法第七百六十七條的規定，請求她返還你兒子的保險金。另外，也建議你們先聲請假扣押，避免她脫產。」

律師一年前說的計畫，我們一步一步進行了，也達到了我們想要的結果。

我只是不確定……律師娘，我們該怎麼想她呢？

守護著另一個人的承諾卻無法實現，究竟是不是罪？

「結婚時，我們答應要守候彼此一輩子，卻忽略了說出一句『我願意』代表多少責任。或許很多人有這樣的氣勢，卻沒認真思考過有多困難。

「相對於東方人在大喜之日只講吉祥話，西式的婚禮中，牧師在問新人結婚的意願時，通常會說：『無論是疾病或健康、貧窮或富裕、美貌或失色、順利或失意，你都願意愛她、安慰她、尊敬她、保護她，並願意在你們一生之中對她永遠忠心不變嗎？』

「當然，許下承諾比實現承諾簡單太多了。毋忘初衷，除了兩個人的堅持與努力，可能也需要一點運氣。珍惜當下的幸福，把握可以掌控的人生，剩下的既然無法改變，就寬心轉身吧！」

【法律悄悄話】

⊙假扣押是如何進行的？

在本案還沒起訴以前，債權人為了確保金錢債權可獲清償，可以向法院聲請假扣押債務人的財產，在聲請狀上釋明請求的原因，並陳明願供擔保，以代釋明之不足；聲請時，須繳納聲請費一千元。

當法院准予假扣押的裁定下來以後，就要準備足額的擔保金，及依聲請執行的金額繳交千分之八的執行費用，指明要扣押的財產，向法院民事執行處聲請查封。

債務人可提供反擔保，聲請民事執行處撤銷假扣押之執行。但是有別人併案時，假扣押還不能啟封。債務人的財產被扣押後，可聲請民事庭裁定，命債權人限期起訴。如不起訴，債務人就可再聲請民事庭裁定撤銷假扣押或假處分，待裁定確定後，才向民事執行處聲請啟封。

一半，一半

就從那一刻起，我知道，我變成「一半」的女兒了。

我想，你們聽過的故事已經太多了吧……
嗯？還是想聽聽我的？
如果無關愛情、非關婚姻，那麼，女人還有幾種故事可以說呢？

我今年都五十八歲了，已經沒有談戀愛的力氣和情懷了。或許有的女人還有，我，可是連分子那麼大的希望都沒有懷抱著喲！

年輕時，我當然也是談過戀愛的，轟轟烈烈地火裡來、水裡去。說真的，我是打從心裡感謝那些愛過我的男人，在一起時，他們疼我、寵我、包容我，他們每個人身上都帶著至少一個我非常喜歡的特質，如果那些特質能統統都集中在同一個男人身上，我就不會到今天還單身了。

我當然知道這是我的問題。馬的腳、鹿的頭、牛的背、羊的蹄，合起來，就是所謂的「四不像」了──這就是我，一個追求跟別人不同理想的女人，一個相信別人不願相信的事實的女人，還有，一個沒有人陪伴的女人。

當然，我有朋友，可是到了我這個年紀你就會發覺，有時候你得罪那個，有時候你厭煩這個。舊的去、新的來，新的沒有比較差，舊的沒有比較愛，你開始懷疑自己心是空的嗎？怎麼會那麼多人踏足過，卻不能讓你的心徹底地痛一次。

我的確掉淚過，可是我不確定是為了他們的離去，還是為了自己被否定。也因為如此，我沒有勇氣挽回他們，這樣的矯情太過自私，再怎麼厚顏，我也不能為了肯定自己的重要性，把他們一個個拎回來我身邊。

就這樣，我像是個獨身的登山者，有時或許會有短暫的同行客，但後來，不是他們落後了，就是超前了……那背影，最後變成一個黑點，然後消失。

孤單？並不會喲！你們看看，我背上有個背包呢！在我剛爬上山時，這裡面可是裝著滿滿可以餵飽我的食物，足足陪我走了將近半程的山路，讓我在漫漫長路上有所依靠，也在沒有人跟我同行的時候，與我對話。只是後來隨著我的路愈走愈遠，背包，也漸漸空了。一直到有一天，我發現，它再也不能提供我任何飽食的援助；甚至到後來，它也無法再跟我對話了。它對我的意義，除了過去的種種回憶之外，只剩下一個空洞的軀殼，硬要說有什麼殘餘的功能，可能就是在我疲累的時候，還能當我遮風避雨的帳篷吧！

它，就是她——我的母親。

我想不起她是什麼時候被掏空的，不過，事物的本質都是如此吧！當你以為揮霍不完時，它還真的源源不絕，一次、兩次、一千次……你開始相信它很可能真的取用不盡；然後，你開始欺騙自己，或許不會等到它用完的一天，因為你已經習慣了它的存在，你無法想像在那沒有它的世界，你要用什麼方式繼續生存下去。到最後，你說服自己，即使實體不在了，它也會用另一種形態與你共存於世上，只有透過這個說法，你才能讓自己安心地忽視它總會消失的事實。而真相呢？那不重要，重要的是表相。

「你說的是……父母的陪伴吧！」

律師娘，還是你懂得女人的想法，應該說，是女兒的想法。

沒錯，我總是在措手不及的時候面臨「它」的離去，第一次是，第二次也是。

「女兒啊，幫我打電話給你舅舅，他怎麼那麼久沒來看我啊！」

這是第一次。

當媽媽對我說出這句話時，我疑惑地盯著她，然後想起她最近老是忘了關火、忘了鎖門，我定義的老人病已經正式成為一種病態，而非一種疼愛的戲謔，因為舅舅十幾年前就走了。

從我攙扶著她進診間的那一刻，我知道，我變成「一半」的女兒了，嗷嗷待哺不再是我的任務之一。唯一慶幸的是，我還擁有著一個停泊的港口，起碼我沒嫁，這一半的女兒，我當得很稱職，留在這個只剩我和媽媽的家，陪伴著她。

偶爾，她的兒子會來看看她，帶著她的媳婦和她的小孫子們。當然，他們也算是我的家人，只要我同意讓他們把媽媽名下的財產先好好處理掉，那我就還在他們的信任圈內。

「仲介說，房價快到頂了，幾年內不可能再賣到更好的價錢。」

「我沒有權利幫媽決定，這是她從年輕住到老的房子，我想她會希望住到走為止。」

「你也沒有權利幫媽決定不賣啊！」

「既然我們都沒有權利決定，那就擱著吧！等媽媽不在的時候，自然有可以決定的人。」

「那我就去幫媽媽聲請監護宣告，由監護人決定。」

「很合理，請自便。」

不過，後來她兒子並沒有去。

「對於精神障礙或其他心智缺陷，致不能為意思表示或受意思表示，或不能辨識其意思表示效果者，法院得依聲請人之聲請，為監護之宣告。聲請人可以是配偶、四親等內之親屬、最近一年有同居事實之其他親屬、檢察官、直轄市、縣（市）政府或社會福利機構，法院會指定適當人選一人或數人為監護人，並同時指定會同開具財產清冊之人。法院在指定人選前，可以請主管機關或社會福利機構進行訪視，提出調查報告及建議，監護宣告的聲請人或利害關係人也可以提出相關資料或證據，供法院斟酌。

「依民法第一一一一條之一的規定，法院選定監護人時，應依受監護宣告之人之最佳利益，優先考量受監護宣告之人之意見，審酌一切情狀，並注意下列事項：一、受監護宣告之人之身心狀態與生活及財產狀況。二、受監護宣告之人與其配偶、子女或其他共同生活之人間之情感狀況。三、監護人之職業、經歷、意見及其與受監護宣告之人之利害關係等等。也就是說……」

沒錯，律師，我明白——而他也明白，監護人很可能是我。跟母親住在一起的人是我，照顧她三餐的人是我，帶她去看醫生的是我。我已經退休了，沒有人比我更適合照顧她，再怎麼看，監護人都不太可能是她兒子。

「就算法院指定他當你母親的監護人，而監護人於監護權限內，為受監護人之法定代理人。依民法第一一一三條成年監護準用未成年監護的規定，監護人為被監護人所為的監護行為，還是有種種的限制，包括：監護開始時，監護人對於受監護人之財產，應依規定於二個月內會同開具財產清冊之人開具財產清冊，並陳報法院。在財產清冊開具完成並陳報法院前，監護人對於受監護人之財產，僅得為管理上必要之行為。」

律師，其實當初她兒子找上門時，我也研究過這些，像是監護人應以善良管理人之注意，執行監護職務。監護人對於受監護人之財產，非為受監護人之利益，不得使用、代為或同意處分。監護人代理受監護人購置或處分不動產或是代理受監護人，出租供其居住之不動產、供他人使用或終止租賃，都要經法院許可，才會有效力，監護人也不得受讓受監護人之財產。

總之一句話，一旦我母親有了監護人，反而不是她兒子想賣房子就能賣。

「所以他才想趁你母親失智時，拿她的印鑑和相關文件把房子賣掉，只要你不揭發他，或者，乾脆分你一杯羹？」

當然，您一定懂，當律師不會有笨的。

「那你應該不用再來找律師啦！」

事情還沒結束呢！律師，您聽我繼續說下去。

【法律悄悄話】

⊙對於失智老人的相關財產處分，有任何法律保障嗎？

很多老人家到了晚年，因為失智症或其他病症造成神智不清的現象，需人照護，雖然不幸中的大幸是，老人家身上還有些財產，但是如果幾個子女之間，對於照護方式無法達成共識，老人家都還在病榻上，子女就為了財產分配的事大動干戈的新聞時有所聞。

我們很常遇到照顧人家的子女，為了照護老人家必須動用老人家的財產，卻遭到其他子女的質疑與處理老人家財產上的紛擾，甚至不小心手足之間互告侵占的事屢見不鮮。這時候，我們會建議客戶向法院聲請向老人家為「監護宣告」——白話一點說，就是把老人家當成小孩子一樣，替老人家選定一個法定代理人，為老人家處理財務，有了財務上的處理權限，可以杜絕不少紛爭。

聲請監護宣告不難，主要是向法院遞出聲請狀，並由法院指定的醫療機構做鑑定，法院會依照鑑定的結果，決定是否對老人家裁定監護宣告。

這一刻

我不想經歷的，怎能讓我的摯愛承受？

或許是因為在那當頭，我沒跟他們站在同一陣線吧！

在我媽媽最後一次病危入院前，我已有好一陣子沒再見過他們了。我知道他們不想見到我。至於母親，對他們來說也只是個沒有靈魂的空殼而已，反正——這麼說很惡毒，但我想他們覺得就算多來看母親幾次，母親也不會知道，所以這樣的親子互動也沒什麼意義。

我是無所謂，少了他們的打擾，我和母親的生活也少了點烏煙瘴氣。但我堅持只要母親還在世，我是不會讓他們把這棟老屋賣掉的，因為我知道無論媽媽的靈魂再怎麼游離，最後還是會回到這屋裡，就像有兩次她沒告知我，自己就跑出門卻走失了，害我心急如焚地找了一整天，結果天色一暗，她竟若無其事地回到家，也不說自己跑去哪裡了。

因為怕她出意外，我曾把她安置到長期照護中心，結果她在那裡悶著氣不肯吃飯，還偷偷溜出院跑回了家。

「媽，你以後不亂跑的話，我就不送你去『夏令營』好嗎？」

「好～」

從照護中心回到家後，母親好幾天不跟我說話，我只好保證不再送她回「夏令營」——這是我當初送她過去的一個「說法」。我忽然想起來，小時候，母親大概都是這樣誆我的，現在被我以其人之道還治其人之身，大概也不好受吧！

你們多少能想像照顧一個糖尿病、高血壓又失智的老人，有多辛苦吧：不肯吃藥上醫院，不肯洗澡，不肯吃飯……哈！我只能說我以前整我媽的，現在都報應在我自己身上了。

可是對我來說，母親離開前的那段時光，雖然我真的過得很辛苦，心裡卻非常富足。

這麼說吧。以前我的確是愛過幾個男人，但你們要是問我願不願意像照顧母親一般，這麼無微不至、這麼無怨無悔，我想答案應該是否定的。我曾經遺憾自己沒有生養孩子，因為我一直認為，或許世上只有我自己的孩子，才能讓我無止境地付出而不求回饋。我夢想著這樣的摯愛，可是到了這年紀已經不可能完成這個夢想時，我卻以另一種形式擁有了小孩——我的母親。

很神奇吧！我跟我的媽媽學習當母親，再當我母親的母親。

我擁有一個在死亡之前都不會再長大的孩子。

而我心目中最在乎的，就是她離開這個世界的時候，一定要像她出生時一樣，有著天使般的祥和。

就算要我拿一百年的自由去交換，我都願意。

「先生，即使是昏迷的病人被送到醫院，我們也會確定他的意識狀態，不是送來的病人家屬說他昏迷，我們就當他昏迷不醒，不急救了！我們會確認病人的昏迷指數、測量病人的呼吸心跳，決定是否進入急救措施，並不是像您說的，病患女兒說她昏迷，我們就放棄急救。」

她的兒子第一次向醫院「客訴」時，得到了這樣的答覆。

「你憑什麼放棄對媽急救？你不是連她的房子都不能決定，怎麼能決定她的生命？」奇怪，我以為對他而言媽媽早就不在了，怎麼現在突然又在乎起母親是怎麼離開的，還那麼義正詞嚴地教訓我。難道他是來報仇的？

「你知道什麼是急救嗎？媽已經沒有呼吸和心跳了，一旦急救而施行心肺復甦術，要插管、壓胸、電擊，甚至弄得七孔流血、肋骨斷掉，如果我不簽署『不施行心肺復甦術同意書』，你知道媽媽的遺體會弄得多難看嗎？她已經八十幾歲了，我不希望我們還要在她的嘴裡插根那麼粗的管子來折騰她，不能說話、不能吃東西，人生這樣還有什麼意思？」

這也是為何我後來決定事先簽署自己的「預立安寧緩和醫療暨維生醫療抉擇意願書」，而且註記在自己的健保卡上，我不希望有一天我臥病在床時，自己的嘴巴深處有一條吞也不是、吐也不是的管子來維持我的生命：我不能說我想說的話，因為管子是穿越聲帶的；我不能吃我想吃的東西，因為嘴巴被封起來了；我也不能把管子抓掉，因為我的雙手都被綁住了。我更不能決定放棄，因為沒有人知道我的意願，

我不想要自己的身體被那像電熨斗的電擊器電得焦黑。我最怕痛了，平常切菜切到手指都能讓我哇哇叫了，更何況是讓那刺骨的電流反覆通過身體。

電視上，醫護人員帥氣地跪在病床上，反覆壓胸急救。而事實上，病人身上常常都是瘀青、出血，甚至肋骨折斷。

誰不想善終呢？我不想經歷的，怎能讓我的摯愛承受？

但這些都是標準的醫療作業程序，沒有醫生敢不做，除非你生前簽署過「預立安寧緩和醫療暨維生醫療抉擇意願書」並註明在健保卡上，或者有最近親屬願意幫你簽署「不施行心肺復甦術同意書」、「不施行維生醫療同意書」。可是幫母親簽過之後，我才懂那種彷彿宣告親人死刑的抉擇有多難。更難受的是，你又能期待身旁有幾個人理解？

「媽就是因為你們大家放棄急救才會急性呼吸衰竭死亡的，我要控告你跟醫生共同殺人！」

這就是他的處理方式。

律師，請問對於我哥哥這種「項莊舞劍，意在求去」的控訴，我有機會反駁嗎？

「依照安寧緩和醫療條例第七條規定，對病患不施行心肺復甦術或維生醫療，應該要由兩位具有相關專科醫師資格的醫師診斷，確定病患已經處於疾病無法救治的末期狀態，並且應有病患自己簽署的意願書。」

我母親沒有簽過。

「如果末期病人沒有簽署『預立安寧緩和醫療暨維生醫療抉擇意願書』，而且意識陷入昏迷或無法清楚表達意願時，可以由病患的最近親屬出具『不施行心肺復甦術同意書』、『不施行維生醫療同意書』來代替；假如病患沒有最近親屬，則應該經過安寧緩和醫療照會後，依末期病人最大利益出具醫囑來代替。但前提是同意書或醫囑，都不得與末期病人於意識昏迷或無法清楚表達意願前明示之意願相反。」

律師，那我應該算是最近親屬吧。

「最近親屬的範圍包括：配偶、成年子女、孫子女、父母、兄弟姊妹、祖父母、曾祖父母、曾孫子女或三親等旁系血親、一親等直系姻親等等，只要末期病人的狀況符合，就可以終止或撤除心肺復甦術或維生醫療。而且在法條中也明定了，由最近親屬出具同意書，只要其中一人出具即可；假設最近親屬意思不一致時，就依前面這些親屬先後次序定順位。後順位已出具同意書時，先順位如果有不同的意思表示，應於不施行、終止或撤除心肺復甦術或維生醫療前以書面為之。」

那他的順位會排在我前面嗎？

「你跟你哥哥是同一順位，其實應該都有簽署同意書的權利。如果從住院病歷、死亡證明書等可證明，你母親住院已經年邁病弱，生命的歷程正邁向不可逆自然死亡情形，那麼由身為最近親屬的你來簽署放棄急救，而醫師也依安寧緩和醫療條例規定，不對你母親施行心肺復甦術，這些都是符合醫療常規的。我想，假設你哥哥真的提告的話，檢察官應該會認定你們都沒有殺人故意致死，而不起訴。」

太好了！我想應該也是這樣。

那一天，我夢到了母親抱著我，對我說：「乖女兒，謝謝你，你做得真好。」我醒來時，本來想大哭一場的，卻沒有。

你知道為什麼嗎？律師娘。

「因為，你已經當過一次『母親』了。你變得堅強、勇敢，而且知道自己做的是對的，你知道她會以你為榮的，對嗎？」

沒錯。

【法律悄悄話】

⊙「安寧緩和醫療條例」立法的核心主張是什麼？

「安寧緩和醫療條例」是為了尊重末期病人之醫療意願，及保障末期病人對心肺復甦術或維生醫療施行與否的選擇權利。預先簽立行政院衛生署公告的「預立安寧緩和醫療暨維生醫療抉擇意願書」、「不施行心肺復甦術同意書」、「不施行維生醫療同意書」、「醫療委任代理人委任書」及「撤回預立安寧緩和醫療暨維生醫療抉擇意願聲明書」等，甚至將其意願註記於健保卡，都可以避免讓家屬陷入決定臨終的病人急救與否的痛苦抉擇中。

該條例的相關同意書及意願書內容，可參考衛生福利部中央健康署的公開資訊網站（http://goo.gl/HKfeSq）。

向錯誤學謹慎，從遺憾裡看美好，由離別懂珍惜，
誰說，這條路只是白走而已。

國家圖書館預行編目資料

轉身的幸福——律師娘×愛情辯護／
林靜如著 --初版.--臺北市: 寶瓶文化, 2016.7
面； 公分.--(Vision；136)
ISBN 978-986-406-060-3（平裝）

1.婚姻 2.兩性關係 3.通俗作品

544.3 105010782

Vision 136

轉身的幸福——律師娘×愛情辯護

作者／林靜如（律師娘）
企劃編輯／丁慧瑋

發行人／張寶琴
社長兼總編輯／朱亞君
主編／張純玲・簡伊玲
編輯／賴逸娟
美術主編／林慧雯
校對／丁慧瑋・劉素芬・陳佩伶・林靜如
業務經理／李婉婷 企劃專員／林歆婕
財務主任／歐素琪 業務專員／林裕翔
出版者／寶瓶文化事業股份有限公司
地址／台北市110信義區基隆路一段180號8樓
電話／(02)27494988 傳真／(02)27495072
郵政劃撥／19446403 寶瓶文化事業股份有限公司
印刷廠／世和印製企業有限公司
總經銷／大和書報圖書股份有限公司 電話／(02)89902588
地址／新北市五股工業區五工五路2號 傳真／(02)22997900
E-mail／aquarius@udngroup.com

著作完成日期／二〇一六年四月
初版一刷日期／二〇一六年七月
初版三刷日期／二〇一六年七月二十五日

ISBN／978-986-406-060-3
定價／三二〇元